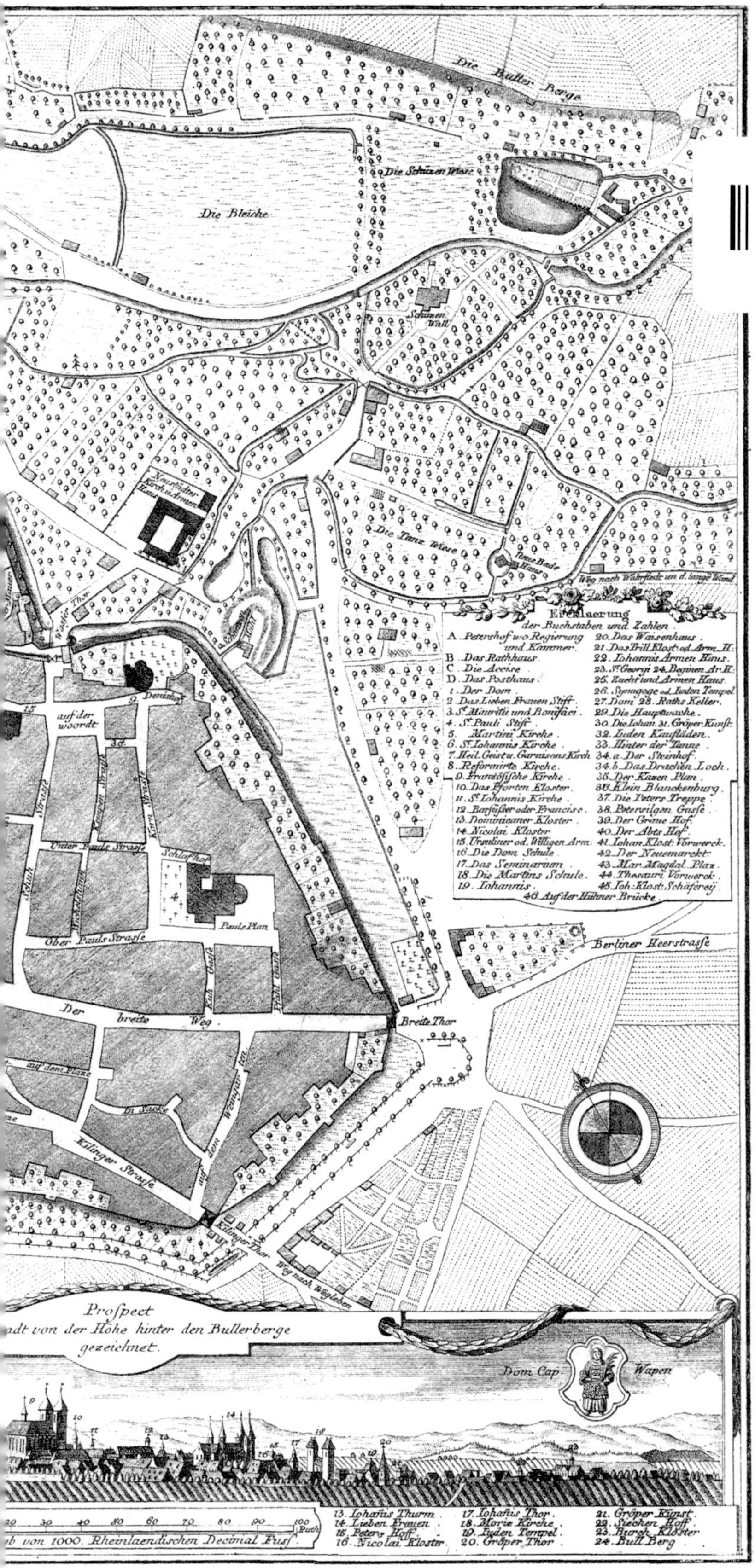

Plan von Halberstadt,
Augsburg 1784

HALBERSTADT
Dom, Liebfrauenkirche, Domplatz

Von Peter Findeisen

Mit einem Beitrag von Adolf Siebrecht

Aufnahmen von Sigrid Schütze-Rodemann und Gert Schütze

DIE BLAUEN BÜCHER

Karl Robert Langewiesche Nachfolger Hans Köster
Verlagsbuchhandlung KG · Königstein im Taunus

Die Domklausur mit dem Remter im Blick zum Südquerhaus, am Kreuzgang das neue Domschatzgebäude.

INHALT:

UMSCHLAGVORDERSEITE: Nordseite des Domplatzes, Blick nach Osten, im Vordergrund Haus Nr. 44, im Hintergrund die Domtürme (s. S. 89f.).

UMSCHLAGRÜCKSEITE: Die südlichen Chorschranken der Liebfrauenkirche, vgl. S. 23.

FRONTISPIZ: Grabmal des Bischofs Rudolf von Halberstadt, † 1149, Bronze, um die Mitte des 15. Jh. (Inschriftrahmen mittleres 19. Jh.), im Chor der Liebfrauenkirche.

TITELBLATT: Evangeliar aus Fulda, Initiale I(nitium) zum Markus-Evangelium, fol. 56^r, Domschatz Halberstadt, Inv.-Nr. 467

BILDNACHWEIS: Die Aufnahmen stammen, wenn nicht in der Bildunterschrift anders angegeben, von Sigrid Schütze-Rodemann und Gert Schütze, Halle an der Saale, mit Ausnahme folgender Bilder: Jutta Brüdern, Braunschweig: Umschlag-Vorderseite, S. 51, 70 o.l., 73 o. - Markus Ege, Stuttgart: S. 16 u.l., 32 u. - Institut f. Denkmalpflege DDR, Arbeitsstelle Halle: S. 20 u., S. 41 o.r. (Joachim Fritz). - Landesamt f. Denkmalpflege u. Archäologie Sachsen-Anhalt: S. 12 u.l.; dito, Foto Juraj Lipták: S. 1, 56, 57, 68 alle, 70 u.l., 70 u.r., 73 u., 76 u., 84 u. - Photo-Studio Mahlke, Halberstadt: S. 3 o., 3 u.r., 4 o., 4 u., 7, 8, 11 u. - Dr. Adolf Siebrecht, Halberstadt: S. 3 u.l. - Karl Heinz Priese, Berlin: Frontispiz. - Ulrich Schrader, Halberstadt: S. 2, 22 u., 25, 32 o., 63, 67, 80 u., 81 u., 87. - Staatliche Museen zu Berlin / Preußischer Kulturbesitz, Kupferstichkabinett (Jörg P. Anders): S. 60 u.l. - Städtisches Museum Halberstadt: Vorsatzblatt. - Nach: Adolf Siebrecht: Halberstadt aus stadtarchäologischer Sicht, Halle (Saale) 1992, Abb. 5: S. 3 m. - Nach: Adolf Siebrecht: Die Domburg Halberstadt um 1200, in: Kunst, Kultur u. Geschichte im Harz und Harzvorland, Halle 2008, Abb. 22: S. 9 o. - Nach: Die mittelalterlichen Baudenkmäler Niedersachsens, hrsg. von dem Architecten- und Ingenieurverein für das Königreich Hannover, 1, 1862: S. 28 alle.

ISBN 978-3-7845-4606-3

Die Domburg Halberstadt aus archäologischer Sicht

Zu den vielen urgeschichtlichen Funden im Bereich der Domburg gehört dieses fast 4000 Jahre alte Füßchengefäß der bronzezeitlichen Aunjetitzer Kultur, gefunden am Katzenplan. Sammlung Städtisches Museum Halberstadt.

Im Zentrum des nördlichen Harzvorlandes liegt Halberstadt. Das Landschaftsbild des Halberstädter Raumes wird durch das Tal der Holtemme und die langgestreckten Höhenzüge des Huy im Norden und der Spiegels-, Klus- und Thekenberge im Süden bestimmt. Der kleine Fluss mit dem Namen Holtemme entspringt unterhalb des Brockens und führt über Wernigerode nach Halberstadt. Von hier fließt er weiter in nordöstlicher Richtung und mündet bei Nienhagen in die Bode. Im Stadtgebiet von Halberstadt hat der Fluss ein 800 m breites Tal mit ausgeprägten Terrassen herausgebildet. Zahlreiche Funde auf diesen Terrassen lassen die Siedlungsgunst der Landschaft in ur- und frühgeschichtlicher Zeit erkennen. Bestimmend für die Lage des mittelalterlichen Halberstadt war die Hochfläche der südlichen Terrasse mit ihrem nach Norden abfallenden Hang und der südliche Teil des Holtemmetales mit ehemals vielen Nebenarmen des Flusses, von denen sich der „Kulkgraben“ heute noch lokalisieren lässt. Erinnert sei hier an die noch vorhandene ehemalige Ratsmühle mit der Bezeichnung „Kulkmühle“ in der Altstadt.

Eine sächsische dörfliche Siedlung mit dem Namen Halberstadt befand sich vermutlich seit dem 6. Jahrhundert etwa 1000 m westlich der Domburg in der Nähe einer Flussgabel der Holtemme. Die Ortsnamenforschung deutet den Namen Halberstadt als „Stätte, Siedlung am geteilten Bach“. Auf eine damals hier vorhandene sächsische Bevölkerung weist auch das große sächsische Gräberfeld des 6. bis 9. Jahrhunderts von Wehrstedt, dicht östlich von Halberstadt, hin.

Zur Errichtung des Bischofssitzes

Mit der Gründung des Bistums durch Kaiser Karl den Großen trat im Jahre 804 Halberstadt in das Licht der Geschichte. Die 814 durch Kaiser Ludwig den Frommen ausgestellte Urkunde bestätigte die Errichtung des Bistums und gibt uns wichtige Hinweise zur möglichen Lage der damals erbauten Kirche und damit auch indirekt auf die Lage des Bischofssitzes: *„... Deshalb möge unseren aufmerksamen Getreuen, den gegenwärtigen wie den zukünftigen, bekannt sein, daß der ehrwürdige Herr Hildegrim, der Bischof der Kirche von Chalons, der zugleich auch Vorsteher der Halberstädter Kirche ist – die zu Ehren Christi und seines Erzmärtyrers Stephan am Fluss Holtemme im Harzgau erbaut wurde und deren Sprengel durch eine Bestimmung unseres frommen Vaters, des erhabenen Kaisers Karl, festgelegt wurde...“* (vgl. Pätzold, St.: Sechs Urkunden zur früh- und hochmittelalterlichen Geschichte Halberstadts, in: Siebrecht, A. (Hrsg.): Halberstadt vom Bischofssitz zur Hansestadt, Halberstadt 2003, S. 32)

Wesentliche Voraussetzungen für die Errichtung dieses am weitesten nach Osten vorgeschobenen Bistums des karolingischen Reiches in Halberstadt waren seine strategisch gute Lage zur Reichsgrenze an der Elbe und Saale im Osten und wichtige West / Ost-Wege, die sich hier mit Nord / Süd-Verbindungen kreuzten. Auch forderten die kirchenrechtlichen Fest-

Oben: Das Holtemme-Tal mit dem mittelalterlichen Stadtgrundriss und den beiden Armen der Holtemme. – Unten: Glasperlenkette und eiserne Pfeilspitzen aus sächsischen Gräbern des 8. Jh. in Wehrstedt bei Halberstadt. Slg. Städtisches Museum Halberstadt.

Der Teufelsstein am Dom dicht westlich des Remters.

legungen des Konzils von Sardica (dem heutigen Sofia) im Jahr 343, dass Bischofssitze nur in Orten mit zentraler Lage und Bedeutung errichtet werden durften. Eine zentrale Lage des Halberstädter Raumes im nördlichen Harzvorland war gegeben, ein gewisser Bevölkerungsreichtum war vorhanden, und die Erreichbarkeit war günstig. Vermutlich befand sich auf dem Gebiet des heutigen Domplatzes ein heidnisches Kultzentrum, auf das der heute noch dicht westlich des Domes vorhandene Teufels- oder Lügenstein, hinweisen könnte. Vielleicht war diese alte zentrale Bedeutung des Platzes mit der Anlass, hier ein christliches Missionszentrum zu gründen. Päpstliche Anweisungen forderten, dass heidnische Kultplätze und Tempel nicht zerstört, sondern für die Verkündung des neuen Glaubens genutzt werden sollten, da das Volk diese Plätze gewohnt war. Sicher waren diese Faktoren ausschlaggebend für die Bevorzugung des Missionsstützpunktes Halberstadt gegenüber dem von Osterwieck.

Die Domburg

Die Domburg mit dem Sitz des Bischofs und den Vorgängerbauten des Domes befand sich auf dem oberen Hang der südlichen Terrasse des Holtemmetales. Damit besaß das Domburgareal eine günstige topographische Gestalt und Lage. Nach Norden war die Burg durch das versumpfte Holtemmetal geschützt, und man konnte dieses nach Norden, Osten und Westen gut einsehen. Lediglich die Südseite und schmale Abschnitte nach Osten und Westen mussten stärker befestigt werden. Der ursprünglich sanfte Geländeabfall ist noch heute im Verlauf des alten nördlichen Zuganges zur Burg, dem „Tränketor“, zu erkennen, ebenso am „Grudenberg“ westlich und am „Hohen Weg“ östlich der Burg. Das Areal der Domburg entsprach etwa dem des heutigen Domplatzes und schließt den Bereich des Domes und der Liebfrauenkirche mit ein. Der Steilabfall nach Norden, Nordwesten und Nordosten entspricht also nicht dem natürlichen Geländerelief, sondern ist erst im Ergebnis jahrhundertelanger Bautätigkeit entstanden. Der anfallende Schutt, z. B. von Baumaßnahmen am Dom bzw. seinen Vorgängerbauten, am Bischofspalast, an der Liebfrauenkirche, von den Kurien der Domherren und Siedlungsmüll wurden nach Norden auf dem Terrassenhang abgelagert und damit das Areal der Domburg allmählich vergrößert. Futtermauern begrenzten den jeweiligen Abschluss. Seit dem 13./14. Jh. bildete die als Burgmauer bezeichnete eindrucksvolle Mauer im Düsterngraben und Lichtengraben den Endpunkt dieser Entwicklung. Bei der Weihe der erweiterten Domburg durch Bischof Arnulf im Jahre 1018 wird keine Mauer erwähnt. Aber die Forschung sieht zwischen dieser überlieferten Weihe und der Burgmauer einen Zusammenhang, der sich bisher nicht bestätigt hat.

Erstmals wird 1133 eine Mauer als „Mauerumgang“ erwähnt. Der frühere Verlauf dieser Mauer kann im Süden der Domburg an Hand der Grundstücksgrenzen erkannt werden. Die Straßennamen Düsterngraben und Lichtengraben nördlich und nordöstlich unterhalb der Domburg weisen auf ursprüngliche Befestigungsgräben hin.

Von den früheren Befestigungen der Domburg sind heute kaum noch Spuren sichtbar. Einige Hinweise in der mittelalterlichen schriftlichen Überlieferung und die Namen der noch vorhandenen alten Zugänge aus dem 13. und 14. Jh. weisen auf die Burg hin. So werden genannt das Tränketor und die Peterstreppe im Norden, das Drachenloch, ehemals als *„dor by unser Frowen“* bezeichnet, im Westen, die zur Zeit nicht mehr vorhandene Burgtreppe in der Nähe des Gleimhauses im Osten und das Düstere Tor im Süden neben dem erhaltenen prächtigen Gebäude der Dompropstei. Der im Innenumschlag abgebildete Stadtplan aus dem Jahre 1784 lässt diese alten Zugänge zur Domburg erkennen. Deutlich zeichnet sich die Dominanz des als Domplatz bezeichneten Burgareals im Stadtgebiet ab. Neben den bedeutenden Sakral-

Der Domplatz, Blick von Ost nach West, im Vordergrund der Dom, im Hintergrund die Liebfrauenkirche.

bauten bestimmen hier die Kurien, die repräsentativen Bauten der Domherren, das Erscheinungsbild des Platzes.

Entwicklungsabschnitte der Domburg

Die topographischen Verhältnisse auf dem südlichen Terrassenhang am Holtemmetal begünstigten den Aufbau von Befestigungen zum Schutz des Bischofssitzes. Trotz weniger schriftliche Quellen ist es durch archäologische Grabungen in den letzten Jahrzehnten gelungen, vier wichtige Entwicklungsabschnitte der Domburg zu rekonstruieren.

Der Bombenangriff auf Halberstadt am 8. April 1945 hatte auch zu schweren Zerstörungen am gotischen Halberstädter Dom geführt. Im Zusammenhang mit der Beseitigung der Schäden an diesem hochrangigen Baudenkmal fanden hier von 1952 bis 1954 Ausgrabungen vom Institut für Denkmalpflege Halle statt. Sie standen unter der Leitung von Dr. Friedrich Bellmann und Gerhard Leopold. Die bedeutenden archäologischen Ergebnisse dieser Forschungen zu den Vorgängerbauten des Domes und der dazu wichtigen schriftlichen Überlieferungen wurden 1984 veröffentlicht. Weitere archäologische Untersuchungen erfolgten zur gleichen Zeit an der Südseite der Domburg durch die damalige Deutsche Akademie der Wissenschaften Berlin unter der Leitung von Dr. Ernst Nickel. Sie erbrachten erstmals den archäologischen Beweis von Befestigungsgräben der Domburg. Das Städtische Museum Halberstadt führte später unter der Leitung des Verfassers von 1973 bis 1977 und von 1992 bis 1995 Ausgrabungen im östlichen, südöstlichen und südlichen äußeren Bereich der Domburg durch. Das Gebiet von der Ostseite des Domes bis hin zum „Hohen Weg" war bei dem Bombenangriff 1945 vollständig zerstört worden. Städtebauliche Planungen sahen eine Verbreiterung und eine veränderte Führung des historischen Straßenzuges „Hoher Weg" vor. Im Zusammenhang damit war mit der vollständigen Zerstörung der Ostseite der Domburg zu rechnen. Hier durchgeführte Suchschnitte führten zum Nachweis von drei zeitlich aufeinanderfolgenden Spitzgräben und einem vierten jüngeren Sohlgraben. Die zeitliche Folge dieser Befestigungsgräben ist durch ihre Stratigraphie und datierbare Funde gesichert. Die Gräben werden in ihrer zeitlichen Reihenfolge, die auch die wichtigen Entwicklungsabschnitte der Domburg widerspiegeln, als Graben 1, 2, 3 und 4 bezeichnet.

Der Besucher des Domplatzes trifft vor dem Eingang zum Domschatz auf einen Gedenkstein mit der Inschrift: „Karolingische Bistumsgründung 804". Auf dem Stein sind die wichtigsten Etappen der Domburgentwicklung und die Rekonstruktionen der Vorgängerbauten des Domes im Modell dargestellt.

Der Abschnitt I – um 800

Der Verlauf eines bisher unbekannten Spitzgrabens konnte von der früheren Burgtreppe am Gleimhaus in südlicher Richtung und parallel zum Hohen Weg an der Ostseite der jetzigen Grünanlage bis hin zum neu-

Historische Ansicht der Reste des Burgtores am Drachenloch, früher als „dore by unser Frowen" bezeichnet. 1. Hälfte des 19. Jahrhunderts. Sammlung Städtisches Museum Halberstadt.

zeitlichen Domgang verfolgt werden. Von dort schwenkte der Graben nach Westen und verlief parallel zur Nordseite der Schmiedestraße. Grabungen des Landesamtes für Denkmalpflege und Archäologie Sachsen-Anhalt im Jahr 2004 ermöglichten hier erneut die Entdeckung dieses Grabens. Er führte in NW-Richtung unter dem neuen Gebäude der Sparkasse am Domplatz weiter zum Querhaus der Liebfrauenkirche. Über die Befestigung der Nordseite wissen wir noch wenig.

Interessante Aufschlüsse dazu erbrachten im Zusammenhang mit der Errichtung des Gleimhausanbaues die 1992 durchgeführten Grabungen. Offensichtlich wurde der zum Graben 1 gehörende Erdwall über ein damals schon abgebrochenes qualitätvolles Sandsteinmauerwerk geschüttet. Später tiefte man in die Ablagerungen des Walles ein Grubenhaus ein, das Keramik des 9. Jahrhunderts enthielt. Diese Befunde sprechen dafür, dass die Reste des Bauwerkes älter als der Befestigungsgraben 1 sind. Es gelang, diese bedeutenden Befunde als archäologisches Denkmal zu erhalten. So kann der Besucher des Gleimhauses hier mit dem „Fahrstuhl in die Karolingerzeit" reisen. Weiter konnten 2006 durchgeführte Ausgrabungen des Landesamtes östlich vom Tränketor im Grundstück Domplatz 37 einen Wall des 9. Jh. nachweisen.

Der etwa 8 m breite und 3 m tiefe Graben 1 umschloss eine Fläche von 34.875 m². Dabei ist aber zu beachten, dass der Grabenaushub für die Anlage

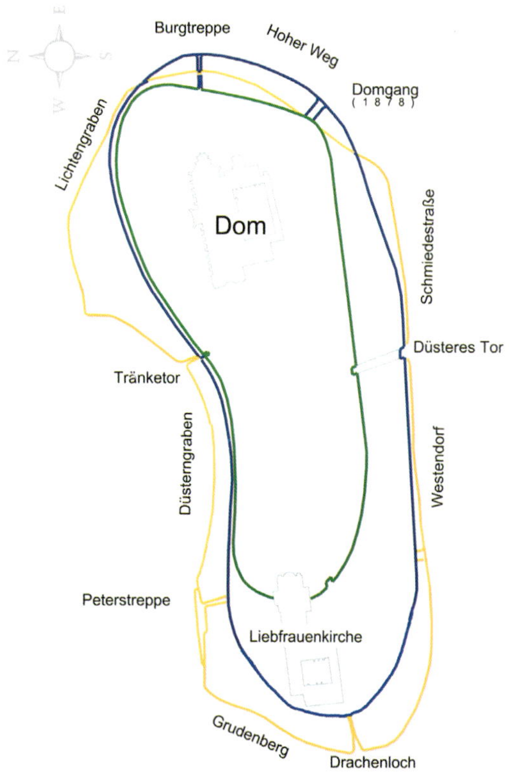

Die Entwicklungsetappen der Domburg: In die Fläche des heutigen Domplatzareals (gelb) wurden die Flächen der karolingischen Domburg um 800 mit grüner und der ottonischen Domburg um 900 mit blauer Linie eingetragen. Entwurf: Friedrich Kunkel, Reinhard Robbe, Adolf Siebrecht, Halberstadt.

eines ca. 6 m breiten Erdwalles auf der Innenseite des Befestigungsgrabens aufgeschüttet wurde. Das führte zu einer kleineren Innenfläche der Domburg.

Der Abschnitt II – um 900

Im Zuge der Ausgrabungen von 1973 bis 1977 wurde auch der zweite Spitzgraben der Domburg entdeckt. Er war 15 m weiter parallel östlich und südlich des Spitzgrabens 1 angelegt worden. Offensichtlich benötigte man jetzt mehr Platz für das Innere der Domburg. Den Grabenaushub schüttete man in den nun nicht mehr benötigten Graben 1. Auch der Graben 2 besaß eine Breite von ca. 8 m und eine Tiefe von ca. 3 m. Ein Wall konnte bisher nicht nachgewiesen werden. Die Fläche des Burgareals hatte sich vergrößert und umfasste jetzt 56.298 m². Auf der Westseite der Domburg war im Gebiet der hier später errichteten Liebfrauenkirche eine Siedlung entstanden, von der noch Reste von 5 Grubenhäusern entdeckt wurden. In einigen fand man ungebrannte Webgewichte. Vermutlich wurden hier für den bischöflichen Hof Textilien hergestellt. Am Ende des 10. Jahrhunderts beseitigte man diese Siedlung, um Platz für den Bau der Liebfrauenkirche zu schaffen. Die neueren archäologischen Erkenntnisse erlauben jetzt die Aussage, dass auch dieses Gebiet der Siedlung und der späteren Liebfrauenkirche von dem 2. Befestigungsgraben geschützt war, der in nordwestlicher Richtung zur Straße Grudenberg führte.

Der Abschnitt III – um 1000

Auch ein dritter Spitzgraben war archäologisch nachweisbar. Er hatte etwa den gleichen Verlauf wie Spitzgraben 2 und überlagerte ihn an mehreren Stellen. So ist durch die stratigraphischen Verhältnisse sein jüngeres Alter gegenüber dem des Grabens 2 eindeutig erkennbar. Entdeckt wurden Funde von Gefäßbruchstücken im Grabenschlamm, der sich in einer Phase des langsamen Zuwachsens des Grabens gebildet hatte. Diese Tonscherben sind in die Zeit um 1000 zu datieren. Die Breite dieses Befestigungsgrabens betrug ca. 16 m und er war von der heutigen Oberfläche gemessen 5 m tief. Dieser dritte Spitzgraben wurde zuletzt 1995 auf dem Grundstück Westendorf 39 angeschnitten. Hier war deutlich erkennbar, dass der größte Teil des Grabens 3 unter der heutigen Straße Westendorf weiter in westlicher Richtung verläuft. Bei Straßenbaumaßnahmen im Jahr 2003 konnte in ca. 1 m Tiefe unter dem Straßenpflaster die tiefschwarze Verfärbung der Auffüllung des Grabens beobachtet werden. Vermutlich schwenkte der Graben in Richtung der Straße Grudenberg nach Norden um. Die beobachteten Aufschlüsse des Grabens 3, seine imponierende Größe und sein Verlauf lassen auf umfangreiche Maßnahmen schließen, die wieder zur Vergrößerung der Domburg führten. Diese umfasste jetzt ein Areal von 78.637 m². Damit wurden die Grundlagen für die Größe des heutigen Domplatzes geschaffen.

Die archäologischen Beobachtungen bestätigen die Berichte der schriftlichen Quellen im Zusammenhang mit dem Wirken von Bischof Arnulf (996-1023). So würdigt die um 1209 entstandene Fassung der Halberstädter Bischofschronik ausführlich die Verdienste dieses bedeutenden Bischofs: *„...Derselbe ehrwürdige Bischof aber, der vieles Nützliche für seine Kirche veranlaßte, begann die Stadt (Burg) Halberstadt, die er von Alters her zerstört vorfand, im 2. Jahr seiner Weihe eifrig wiederherzustellen. Er vollendete sie später nämlich im 23. Jahr seiner Weihe, in einer mit vielen Städten nicht vergleichbaren Weise und besprengte sie am Freitag vor Weihnachten zur Ehre des allmächtigen Gottes und des heiligen Erzmärtyrers Stephanus, mit der bischöflichen Gewandung angetan, indem er sie umschritt, und segnete sie und verschaffte der Stadt (Burg) durch seine Verfügung ewigen Frieden und sicherte den Ort mit unauflösbarer Unabhängigkeit ...“* (vgl. Siebrecht, A.: Halberstadt aus stadtarchäologischer Sicht, Halle (Saale) 1992, S. 45).

Aber Bischof Arnulf vergrößerte nicht nur die Burganlage, er gestaltete auch das Innere dieser Burg repräsentativ um. So ließ er die Handwerkersiedlung im Westen der Burg beseitigen und begann mit dem Bau der Liebfrauenkirche, die 1005 geweiht wurde. In jene Zeit fällt auch der Baubeginn für den neuen bischöflichen Palast dicht nördlich der Liebfrauenkirche, den „Petershof“, dessen Nachfolgebauten noch erhalten

Halberstadt um 1000. Die Rekonstruktion zeigt im Osten die frühe Markt- und Kaufmannssiedlung und westlich davon die Domburg mit dem 992 geweihten 2. Dom. Die Liebfrauenkirche entstand erst um 1005 und ist daher nicht dargestellt. Städtisches Museum Halberstadt, Entwurf: Friedrich Kunkel und Adolf Siebrecht.

sind. Gewiss wurde auch der innere Bereich der Domburg neu gestaltet. Hierzu fehlen jedoch die schriftlichen und archäologischen Quellen. Die repräsentative Ausgestaltung der Domburg widerspiegelte die zunehmenden ökonomischen Möglichkeiten und die gewachsene Rolle der Halberstädter Bischöfe im ottonisch-salischen Reichskirchensystem. Sie entsprach dem Repräsentationsbedürfnis der Bischöfe und ihren Gastungsverpflichtungen gegenüber den königlichen Herrschern. Eine ähnliche Entwicklung ist auch in den anderen sächsischen Bischofssitzen zu beobachten.

Archäologische Befunde östlich der Domburg im Gebiet am Hohen Weg, um die Stadtkirche St. Martini und im Bereich von Holz- und Fischmarkt, machen in Verbindung mit den schriftlichen Quellen eine schnelle Entwicklung der Marktsiedlung Halberstadt deutlich. Deren nachweisbare Anfänge fallen schon in die Zeit von Bischof Hildeward (968-996), der im Jahr 989 von König Otto III. das Markt-, Münz- und Zollrecht sowie den Bann für den Ort Halberstadt erhalten hatte.

Der Abschnitt IV – um 1100/1200

Die Jahre zwischen 1060 und 1179 sollen diesen Entwicklungsabschnitt markieren. König Heinrich IV. (1056-1106) feierte im Jahr 1060 mit einer großen Anzahl weltlicher und geistlicher Fürsten das Osterfest in Halberstadt. Vermutlich hatte der Herrscher mit seinem Gefolge als Gast von Bischof Burchard II. (1059-1088) in der Domburg sein Quartier genommen. Wenige Tage später kam es zu einem großen Brand, der den nördlichen Teil der Marktsiedlung vernichtete und auch den 992 geweihten ottonischen Dom und seine Kapellen erfasste. Es dauerte 11 Jahre, bis diese Schäden beseitigt waren. Pfingsten 1071 weihte Bischof Burchard II. in Gegenwart des Herrschers den wiederhergestellten Dom. Sicherlich wohnte König Heinrich IV. auch jetzt wieder mit seinem Gefolge in der Domburg.

Eine wichtige Nachricht zur Befestigung der Domburg verdanken wir einem länger andauernden Streit zwischen Bischof Otto (1123-1135) und dem Klerus auf der Burg mit dem Vogt Werner, der schließlich zurücktrat. Der Text des uns interessierenden Teils der Urkunde aus dem Jahre 1133 lautet übersetzt: „... *Damit also die Geistlichkeit von jedem Joch weltlichen Drucks frei bleibe, haben wir die oben genannte Resignation in Vollmacht unserer Verfügungsgewalt bekräftigt und bekräftigen sie und schließen unter Androhung der Exkommunikation die weltliche Gewalt von allen Arten innerhalb des Mauerumganges und von allen Häusern der Geistlichen innerhalb und außerhalb aus, ausgenommen daß der genannte Vogt oder sein Nachfolger sie dreimal jährlich nach seiner eigenen Wahl im bischöflichen Hause über die Liten nach dem Vogteirecht, daß sich auf sie erstreckt, haben soll. Wenn aber, wie es meist zu geschehen pflegt, ein Duell stattfindet, soll es außerhalb der Immunität der Mauer stattfinden, damit nicht der geheiligte Ort durch blutiges Sakrileg verletzt wird ...*“ (vgl. Siebrecht, A: Halberstadt aus stadt-archäologischer Sicht, Halle (Saale) 1992, S. 45).

Erstmals erfahren wir aus dieser Quelle etwas über eine Mauer der Domburg. Diese ist zwar nicht mehr im Original erhalten, aber ihr Verlauf ist in den erhalten gebliebenen Grundstücksgrenzen und neuzeitlichen Mauern, vor allem in den südlichen Grundstücken, zu erkennen. Auf dem Stadtplan von 1900 mit den Grundstücksgrenzen markiert eine durchgehende Linie die Grenze der Domimmunität und damit den früheren Verlauf der Immunitätsmauer. Damit ist auch die räumliche Ausdehnung der Domburg für das 12./13. Jahrhundert gut zu erkennen. Ausgrabungen im Grundstück Westendorf 39 führten 1995 zur Entdeckung eines fast 7 m langen und bis zu 2,50 m breiten Fundamentes dieser 1133 erwähnten Immunitätsmauer. Weitere, vielleicht noch ältere, Mauerreste wurden bei den Grabungen des Landesamtes östlich des Tränketores im Grundstück Domplatz 38/39 entdeckt. Sie sicherten hier, wie der Düsterngraben, die Nordseite der Burg.

Ein vierter Befestigungsgraben konnte bei den Ausgrabungen an der Schmiedestraße und am Hohen Weg entdeckt werden. Dieser war kleiner, und er war in die Auffüllung des älteren Spitzgrabens 2 eingetieft. Seine Breite betrug ca. 6 m und seine Tiefe ca. 2 m. Er besaß aber keine Grabenspitze, sondern nur eine flache Grabensohle. Daher wird er als Sohlgraben bezeichnet. Auch er folgte in seinem Verlauf den älteren Befestigungsgräben und überlagerte sie. Scherbenfunde in der Auffüllung dieses Grabens 4 ermöglichen seine Datierung in die Zeit um 1200. Vermutlich hatte zu dieser Zeit der große Befestigungsgraben 3 seine Bedeutung verloren, er war im Laufe der Jahre mit Schlamm und Siedlungsmüll verfüllt worden und wohl kaum noch sichtbar. Seine Abgrenzungs- und Befestigungsfunktion hatten jetzt die Immunitätsmauer und der Sohlgraben übernommen. Später verlor der Graben 4 seine Bedeutung, er wurde im Zuge der weiteren Entwicklung der Stadt aufgegeben und von den Bürgern mit ihren kleinen Grundstücken östlich und südlich der Domburg am Hohen Weg, der Schmiedestraße und dem Westendorf übersiedelt. Ihnen benachbart und durch die Immunitätsmauer getrennt lagen in der Domburg die großen Grundstücke mit den Kurien der Domherren. Die bereits erwähnten Grabungen des Landesamtes auf dem Grundstück Domplatz 37 konnten die Fundamente eines solchen Kurienbaues aus der Zeit um 1200 dicht nordwestlich des Domes nachweisen. Der Süd / West – Nord / Ost ausgerichtete Bau hatte eine Länge von 20 m und Breite von 10 m. Er erhob sich dicht am Nordrand der Burg über dem Holtemmetal. In diesem Steingebäude befand sich wahrscheinlich der repräsentative Sitz eines Domherren.

Die vier Entwicklungsabschnitte der Domburg Halberstadt umfassen einen langen Zeitraum, der nach mehr als 500 Jahren zu einem gewissen Abschluss gekommen war. Die Befestigungen hatten ihre militärische Bedeutung verloren. Das Areal der Domburg war weiterhin geistliches Immunitätsgebiet, hier befanden sich die bedeutenden Sakralbauten des Bischofssitzes, die bischöfliche Residenz und das Zentrum des Klerus. Halberstadt hatte sich im Zuge seiner Entwicklung so ausgebreitet, dass die Domburg fast im Zentrum lag und von der Stadtmauer umschlossen wurde. Dieser Prozess hatte am Ende des 12. Jahrhunderts begonnen und kam in der Mitte des 14. Jahrhunderts zum Abschluss.

Ein einschneidendes Ereignis für die mittelalterliche Geschichte Halberstadts und der Domburg war die große Zerstörung des Jahres 1179. Im September des Jahres hatten die Auseinandersetzungen zwischen dem Braunschweiger Herzog Heinrich dem Löwen und dem Halberstädter Bischof Ulrich (1149-1180) zur vollständigen Zerstörung von Halberstadt geführt. Der Magdeburger Erzbischof Wichmann berichtete darüber empört dem Mainzer Domkapitel u. a.: *„Denn der Herzog hat die Stadt Halberstadt dem Erdboden gleichgemacht, Feuer an das Kloster des Heiligen Stephan sowie an alle Kirchen und Klöster gelegt und die vornehmen und die ehrenhaften Kanoniker, die Knaben und Schüler sowie mehr als 500 Menschen beiderlei Geschlechts in den Flammen umkommen lassen – soviel hat man bereits gefunden, es kommen diejenigen hinzu, die noch zwischen den Trümmern der Häuser und unter der Asche verborgen sind. Die Gebeine der Heiligen, das Kreuz des Herrn und jeglichen Schmuck der Kirchen ließ er zu Asche werden,*

In diesem 20 m langen Grabungsschnitt auf dem Grundstück Westendorf 39 wurden zwei Befestigungsgräben der Domburg entdeckt. Der nördliche Spitzgraben (rechts) ist in die Zeit um 900 zu datieren. Der hier nur zu einem Drittel erfasste südliche Spitzgraben (links) setzt sich unter der heutigen Straße Westendorf fort. Er entstand um 1000. Bei dem in den nördlichen Graben eingetieften Fundament mit einer Breite von 2,50 m handelt es sich um den Rest der 1133 erstmals erwähnten Immunitätsmauer der Domburg. Fundarchiv Städtisches Museum Halberstadt.

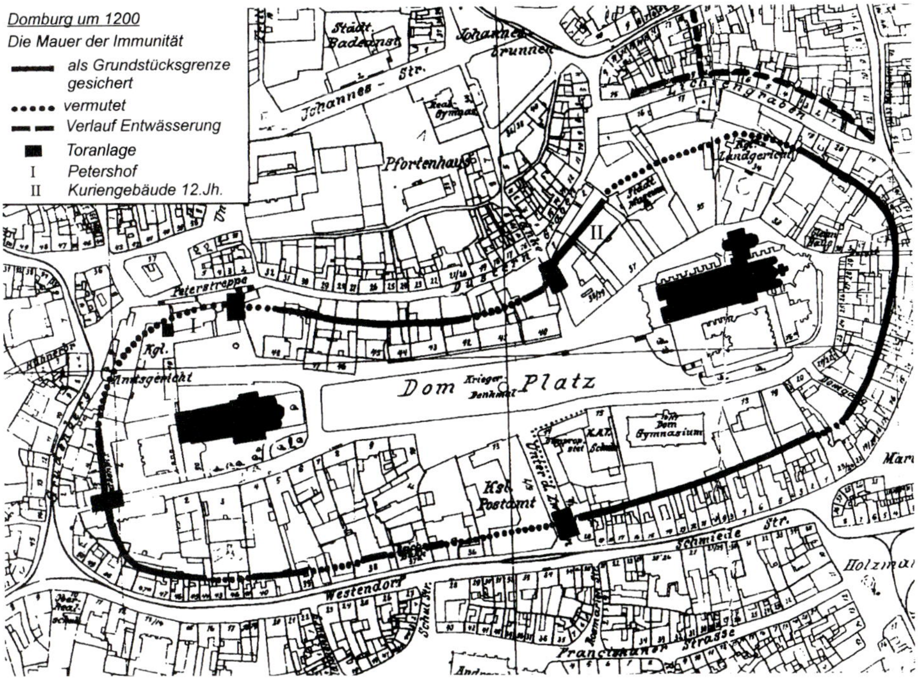

Der Abschnitt IV der Domburg mit der Rekonstruktion des Verlaufs der Mauer der Immunität und den Toren der Domburg. In diesem Stadtplanteil aus der Zeit um 1900 sind die alten Grundstücksgrenzen gut zu erkennen. Die Fundstelle des spätromanischen Kuriengebäudes ist mit II gekennzeichnet.

den Bischof, seinen Herrn, nahm er gefangen, hält ihn in Ketten und mit ihm den Propst der Halberstädter Kirche und andere Chorherren, die er, mit Stricken gefesselt, fortschleppen ließ". (vgl. Pätzold, St.: Sechs Urkunden zur früh- und hochmittelalterlichen Geschichte Halberstadts, in: Siebrecht, A. (Hrsg): Halberstadt vom Bischofssitz zur Hansestadt, Halberstadt 2003, S.38).

Diese Vernichtung der Stadt hatte zunächst zu einem Stillstand ihrer Entwicklung geführt. Aber wenige Jahrzehnte später setzte ein großer Aufschwung mit einer regen Bautätigkeit in der Domburg und der Stadt ein. Es entstand eine aufstrebende Stadt, deren Erscheinungsbild in der ältesten Stadtansicht aus dem Jahre 1581 und auch noch sehr gut in einer Stadtansicht des 17. Jh. (S. 11) zu erkennen ist. Der mittelalterliche Stadtgrundriss, zahlreiche sakrale und profane Bauten des 12. bis 18. Jahrhunderts sowie viele Fachwerkhäuser blieben bis in die neueste Zeit erhalten.

Kurz vor dem Ende des 2. Weltkrieges erlitt Halberstadt wiederum eine verheerende Zerstörung. Ein schwerer Bombenangriff vernichtete am 8. April 1945 große Teile dieser als „Rothenburg des Nordens" bezeichneten Bischofsstadt, darunter ein Drittel der mittelalterlichen Stadt. In den folgenden Jahrzehnten der „DDR-Zeit" ging ein weiteres Drittel der Altstadt verloren. Erst nach der „Wende" wurde der Rest der noch erhaltenen Altstadt saniert und ist wieder sehenswert. Von 1996 bis 1998 entstand ein neues Stadtzentrum mit historischen Bezügen zur alten Bebauung. Damit erhielt die Stadt wieder ein Gesicht.

Adolf Siebrecht

Der Grabungsbefund 2007 mit den älteren Domburgmauern und dem Fundament des Kuriengebäudes aus der Zeit um 1200 im Grundstück Domplatz 37 (in Abb. oben mit II gekennzeichnet): A: Ältere Burgmauer um 1100 – B: Burgmauer um 1200 (im 18. Jh. von der barocken Kurie überbaut) – C: Kuriengebäude um 1200 – D/E: Kellergewölbe, ab 1500. Nach Alper, Fiedler, Högg u. Kunkel, Landesamt für Denkmalpflege und Archäologie Sachsen Anhalt, Halle (Saale). Foto und Bearbeitung: Friedrich Kunkel, Städtisches Museum Halberstadt.

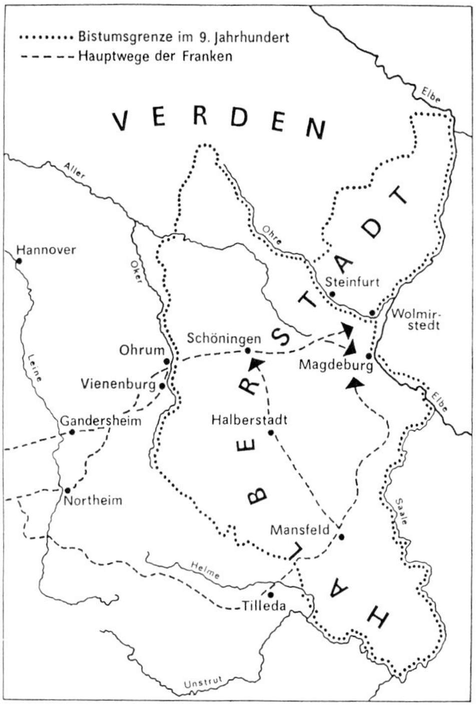

Die Halberstädter Bistumsgrenzen im 9. Jh. (nach Glowka, 1992).

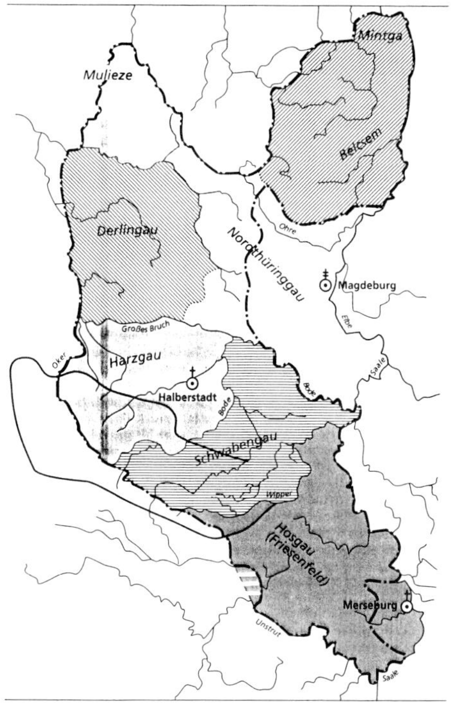

Die Bistumsgrenzen nach Gründung des Erzbistums Magdeburg (nach Glowka, 1992).

Geschichtliche Voraussetzungen

Im Stadtkern von Halberstadt haben nur wenige Straßen und Plätze, darunter der Domplatz, ihre in den Jahrhunderten geformte Gestalt bewahrt. Die Wohnbebauung der Oberstadt war dem Luftangriff vom 8. April 1945 zum Opfer gefallen. Größere, als Ruinen hier noch stehende Bauten wie das Rathaus und die Paulskirche wurden später abgebrochen. Immerhin war die Unterstadt mit ihrem geschlossen erhaltenen Bestand von Fachwerk-Wohnhäusern des 15. - 18. Jahrhunderts erhalten geblieben, von Bedeutung auch für die Erscheinung des Domplatzes und seiner Gebäude im Blick von Norden her. Dieser alte Stadtteil hat noch nach 1970 unheilbar Schaden genommen: die damalige Staatsmacht förderte seinen Verfall, und mit dem Abbruch ganzer Straßenzüge hat sie sich hier schließlich ein Schandmal gesetzt.

Die Verwüstungen, die die beiden Kirchen auf dem Domhügel, die Liebfrauenkirche und der Dom, im Krieg erlitten hatten, waren im wesentlichen schon bis 1952 bzw. 1956 behoben worden. In ihrer wiedergewonnenen Würde und Schönheit verkörpern vor allem diese Bauten, dazu auch die nahegelegene Martinikirche, das alte Halberstadt, seinen geschichtlichen und kunstgeschichtlichen Rang. Wie sich auf dem Platz Dom und Liebfrauenkirche gegenüberstehen, jener mit der mannigfach gegliederten Westfront, diese mit ihren einprägsam und klar gebauten Ostteilen und der Gruppe ihrer vier Türme, und wie beide Kirchen immer noch vom Kranz der den Platz umgebenden Häuser eingefasst und verbunden sind, das zählt mit Recht zu den eindrucksvollsten alten Stadtbildern in Deutschland.

Die Ausformung des Domplatzes gründet in der vor etwa 1200 Jahren getroffenen Standortwahl für den karolingischen Missionsstützpunkt, den Vorläufer der bischöflichen „civitas", der Domburg. Die ältere Geschichtsschreibung hat im „Leggenstein" vor der Westfront des Domes (s. S. 4), einem Zeichen alter Rechtsprechung, den Hinweis auf ein heidnisches Heiligtum an dieser Stelle sehen wollen. Über der Holtemme-Niederung im Norden und einer Fernstraße in Nord-Süd-Richtung erscheint der mäßig hochgelegene Ort jedenfalls günstig gewählt. Die Anfänge des Bischofssitzes gehen in die Jahre der Unterwerfung und gewaltsamen Bekehrung der Sachsen durch das Frankenreich zurück. Halberstadt gehörte zu den acht Bistümern, die im Anschluss an die Gründung von Bremen (787) entstanden sind. Nachdem ein erstes Missionszentrum vermutlich in Osterwieck aufgebaut worden war, wurde der künftige Bischofssitz bald nach 800 verlegt – eine auch anderenorts vorgenommene Korrektur erster Niederlassungen, die hier dem Nachteil der Randlage im neugebildeten Bistum entgegenwirken mochte: Die Diözesangrenzen verliefen entlang der Flüsse Unstrut im Süden, der Ilse und Oker im Westen, der Ohre mit Einschluss der östlichen Altmark im Norden und der Elbe-Saale-Linie im Osten. Was für die 30 km weiter südöstlich gelegene Ansiedlung von Halberstadt sprechen mochte, kann wohl nur noch mit archäologischen Mitteln näher geklärt werden. Denn die wichtig-

Ansicht der Stadt Halberstadt, Gemälde im Städtischen Museum Halberstadt. 2. Hälfte 17. Jh. Der Ausschnitt zeigt den westlichen Teil der Stadt mit dem Dom (1), Liebfrauen- und Martinikirche (2, 4), Andreas- und Moritzkirche (10, 6), Petershof samt Kanzlei (13, 14), dem Stederschen Hof (9). Vorn die Gebäude des ehem. Burchardiklosters (26).

ste Schriftquelle für die Frühzeit des Ortes, das Marktprivileg König Ottos III. aus dem Jahr 989, deutet an, dass damals hier noch kein Markt bestanden hat.

Mit der kirchlichen Organisation war Hildegrim, Bischof von Châlons-sur-Marne seit 802, betraut worden. Die Bekehrung im neuen Bezirk stand unter dem Schutz des Titelheiligen von Châlons und anderer fränkischer Bischofskirchen, dem des Erzmärtyrers St. Stephanus. Der Bau der Missionskirche muss in die Jahre zwischen 802 und 809 fallen, denn schon Hildegrims Bruder, der Friesenmissionar Bischof Liudger (gest. 809), hatte an die „größere Kirche in der Domburg" eine Kirche, St. Johannes und Paul gewidmet, angefügt. Als bischöfliche Hauskapelle wurde ihr Nachfolgebau dem später heiliggesprochenen Liudger geweiht. Aus der Missionskirche ging der erste, 859 geweihte Dom hervor. Für das Jahr 965 ist der Einsturz dieses karolingischen Domes überliefert. In dieser Zeit wurde die Kathedrale zugleich unter den Schutz des hl. Sixtus gestellt – Arm- und Schädelpartikel dieses frühchristlichen Papstes hatte Bischof Bernhard (926-968) in Rom erworben, während die Mehrung der Stephanusreliquien ein Verdienst seines Nachfolgers Hildeward (968-996) ist. Beide Vorgänge dürften mit dem Neubau in engem Zusammenhang stehen: Mit großem Gepränge, nämlich in Gegenwart des kaiserlichen Hofstaates und unter Beteiligung von elf Bischöfen, wurde die Domkirche von Bischof Hildeward im Jahr 992 dann neu geweiht. Es liegt nahe, diese Entwicklung in Verbindung mit dem – vergeblichen – Protest zu sehen, den der Halberstädter Klerus der Gründung des Erzbistums Magdeburg (968) entgegensetzte. Diese reichspolitisch hochbedeutende Entscheidung Kaiser Ottos I. beschnitt die Zuständigkeit des älteren Bistums Halberstadt empfindlich, da dessen östlicher Teil an Magdeburg und sein Suffraganbistum Merseburg abgetreten werden musste.

Das Liebfrauenstift, zu Beginn des 11. Jh. von Bischof Arnulf (996-1023) gegründet, war das älteste und vornehmste von mehreren Kollegiatstiften in und bei Halberstadt, seine Kirche die ranghöchste nach dem Dom. Wie an anderen Bischofssitzen auch, förderte hier die Organisationsform des gemeinschaftlichen (wenn auch nicht klösterlich-abgeschlossenen) Lebens von Priestern, den Kanonikern, den Aufbau der Pfarrorganisation und der Seelsorge im Bistum. Das Stift fand westlich des Domes bei der Vorburg Platz, wenig später in unmittelbarer Nähe auch noch ein neues, vom Dom nunmehr etwas abgesondertes bischöfliches palatium, der Petershof. Dass hier auf einmal Platz verfügbar war, ergab sich wohl daher, dass nunmehr östlich der Domburg die Marktsiedlung gedieh. Allein der Nachfolgebau der Marktkirche St. Martin, eine bedeutende hochgotische Hallenkirche, lässt mit den wiedergewonnenen Platzräumen von Holzmarkt und Fischmarkt heute den Kernbereich dieser frühen Stadt erkennen. Verhältnismäßig früh, nämlich im Jahr 1241, ist hier auch das Rathaus der Bürger bezeugt. Die Stadtmauer umfasste schließlich mit Vogtei und Westendorf ebenso die Siedlungen der bischöflichen Dienstleute wie die bei den neu gegründeten Stiften St. Peter und Paul und St. Moritz gewachsenen „Neustädte". Den mit dieser Ummauerung festgelegten Umfang hat die Stadt bis zum 19. Jh. kaum überschritten.

Ansicht des Domes von Nordosten. Lithographie von Carl Georg Adolf Hasenpflug, um 1830.

Unten: Die Domkirche St. Stephanus und St. Sixtus, Ansicht von Nordwesten mit den 1858-1861 hergestellten Turmabschlüssen. Aufnahme von 1882.

In der Zeit des Investiturstreites haben sich die Halberstädter Bischöfe mehrfach, doch keineswegs immer auf die Seite der fürstlichen Königsgegner geschlagen. So sah Bischof Reinhard (1107-1123) die Interessen des Bistums im Ostharz durch die Reichsgutpolitik König Heinrichs V. gefährdet – diese Gegnerschaft büßte die Stadt und ihr Umfeld in den Jahren 1113/14, indem sie verwüstet, Mauern und Häuser zerstört wurden. In der 2. Hälfte des 12. Jh. hat dann der Aufstieg Heinrich des Löwen die Machtverhältnisse verändert: Die Lehenshoheit des Hochstifts über welfische Orte wurde von Heinrich nicht anerkannt, so dass Bischof Ulrich (gest. 1180) im Lager des Kaisers und des Magdeburger Erzbischofs stand, mit dem Ergebnis, dass seine Stadt im Jahr 1179 erneut gebrandschatzt wurde. Die Wiederherstellung von Dom und Liebfrauenkirche hat Jahrzehnte erfordert. Während das Gotteshaus des Liebfrauenstiftes die damals erlangte Gestalt im wesentlichen bis heute bewahrt hat, ist der Dom, so wie er heute steht, das Ergebnis eines vom 2. Viertel des 13. bis zum späten 15. Jh. währenden Bauprozesses, in dem die ottonische Kirche durch einen gotischen Neubau ersetzt wurde. Der auch für mittelalterliche Verhältnisse überaus langwährende Bauverlauf muss der schlecht gefüllten Baukasse angelastet werden. Um so höher ist die Zielstrebigkeit zu bewerten, mit der das Bauvorhaben über diesen langen Zeitraum hinweg betrieben wurde. Dem Domneubau ging die Rückkehr Bischof Konrads von Krosigk (1201-1209) vom 4. Kreuzzug voran – das Heiltum, der Reliquienschatz der Kathedrale, hat damals einen so hervorragenden Zuwachs erfahren, dass der „adventus reliquiarum de Graecia“ hinfort jährlich gefeiert wurde. – Dem Nachfolger Konrads gelang es, Vogtei und Gericht über

Ansicht des Domes, der Domstiftsgebäude und der beiden erhaltenen Gebäude der östlichen Domplatzbebauung (rechts das Gleimhaus), im Blick von Südosten.

die Stadt und ihr Gebiet zu erwerben, wie überhaupt der Ausbau eines weltlichen Territoriums nunmehr in den Vordergrund rückte (u. a. der Erwerb der Grafschaften Askanien und Falkenstein). Kriegerische Konflikte mit den Nachbarn, so den Grafen von Regenstein, dem Bischof von Hildesheim und, zu Anfang des 15. Jh., dem Erzbischof von Magdeburg, blieben daher nicht aus. Die Bürger haben ihrerseits versucht, eine selbständige Bündnispolitik zu betreiben. Soziale Ungleichgewichte führten dann 1423 zum offenen Konflikt, in dem der Bischof obsiegte.

Den von der Mitte des 15. Jh. an auf Kosten der alten Grafschaften großflächig sich formierenden Fürstentümern wie Kursachsen, Brandenburg oder Braunschweig musste es darum gehen, die mitteldeutschen Bistümer ihrem Einflussgebiet einzugliedern. Zunächst hatte es Kurfürst Ernst von Sachsen (reg. 1464-1486) zuwegegebracht, seine jüngeren Söhne zu Erzbischöfen von Mainz und Magdeburg wählen zu lassen; Ernst, der Magdeburger Oberhirte, war seit 1480 zugleich Administrator (nicht Bischof, da die Ämterhäufung unzulässig war) von Halberstadt. Unter dem als tatkräftig und umsichtig geschilderten Kirchenfürsten wurde der Dom vollendet und im Jahr 1491 geweiht. Es entspricht dem sich schon im frühen 16. Jh. abzeichnenden Aufstieg von Kurbrandenburg, dass nach Bischof Ernst von Wettin viermal hohenzollersche Prinzen zu Bischöfen erwählt wurden und unter diesen die Personalunion mit dem erzbischöflichen Stuhl von Magdeburg bis 1556 fortbestand. Die Diözesangrenzen wurden freilich gegenstandslos, als die jeweiligen Landesherren evangelischen Bekenntnisses ihre eigenen Kirchenregimente errichteten.

In der Stadt Halberstadt hatte die lutherische Lehre schon im Jahr 1520 Eingang gefunden. Zu dieser Zeit war Albrecht von Hohenzollern, der Bruder Kurfürst Joachims I. von Brandenburg, als Erzbischof von Magdeburg und Mainz der mächtigste Kirchenfürst im Reich. Als Albrecht V. hatte er 1513 die Nachfolge des Wettiners angetreten und von diesem die neuerrichtete Moritzburg in der Stadt Halle als Residenz übernommen. Sein Plan, auch in Halberstadt eine Zwingburg zu bauen, scheiterte am Widerstand des Rates. Im übrigen ließ sich Albrecht hier durch seinen Offizial Heinrich Leucker vertreten, einen Mann, der die ersten reformatorischen Regungen brutal unterdrückte. Nachdem im Jahr 1539 im Kurfürstentum Brandenburg und auch im Reichsstift Quedlinburg die

Der östliche Abschnitt des Domplatzes nach Südosten, mit dem Remtergebäude (links), dem Dompfarramt und ehem. Domgymnasium (Stephaneum), im Blick auf die Türme der Martinikirche (Zustand 1995).

Reformation eingeführt worden war, erzwangen die Stände die Duldung der evangelischen Lehre im weltlichen Herrschaftsgebiet des Bistums. Die erste evangelische Kirchenvisitation ließ dann Bischof Sigismund von Brandenburg im Jahr 1561 durchführen. Seine Nachfolger führten mit der Annahme des evangelischen Bekenntnisses den Titel eines Administrators. Es dauerte aber noch bis 1591 bzw. bis 1604, bis die Domherren und die Kanoniker des Liebfrauenstifts die Ausübung evangelischen Gottesdienstes in ihren Kirchen zugestanden – eine Minderheit beider Kapitel blieb dem alten Glauben treu. Mit Erfolg sperrten sich auch zehn Klöster – in der Stadt Halberstadt die Franziskaner, die Dominikanerinnen und die Zisterzienser-Nonnen des Burchardiklosters – gegen die Einführung des Augsburgischen Bekenntnisses und überdauerten, von materieller und personeller Auszehrung bedroht, als Konvente bis zum Beginn des 19. Jh. So sehr sich die Regierung von Bischof Heinrich Julius von Braunschweig (1566-1613, seit 1589 zugleich Herzog) um das Wohl des Landes verdient gemacht hat – die der Söhne und Nachfolger war glücklos und sogar verhängnisvoll: Herzog Christian (1616-1624), der „tolle Halberstädter", hat schließlich das Bistum bedenkenlos in den großen Krieg geführt. 1625 besetzte Wallenstein die Stadt. Die kaum in Gang gekommene Rekatholisierung scheiterte, als die Schweden 1631 einrückten. Der Statthalter König Gustav Adolfs zog in die bischöfliche Residenz, den Petershof, ein. Grabsteine hoher schwedischer Offiziere erinnern im Domkreuzgang noch heute an diese Besatzungszeit.

Im Frieden von Osnabrück fiel das Land als nunmehr weltliches Fürstentum den brandenburgischen Hohenzollern zu. Im zunehmend zentralistisch regierten Staatswesen von Brandenburg hatte die alte ständische Vertretung – Domkapitel und Stifter, Ritter, Bürger und Bauern – bald nichts mehr zu befinden. Vor allem das aus dem Landadel gebildete Domkapitel hat mit dieser Entwicklung eine seit alter Zeit bestehende und bei Gelegenheit der Bischofswahlen immer wieder gesicherte führende Rolle in der Landesverwaltung aufgeben müssen: Seit 1661 wurde der Dompropst vom Landesherren eingesetzt, und die vordem die eigentliche Stiftsregierung repräsentierenden Kapitularen sahen sich zu bloßen Pfründnern degradiert. Dem Fürstentum stand jetzt ein Statthalter des Kurfürsten vor. Die Geschäfte führte ein Kanzler, als dessen Amtssitz der Petershof in Benutzung blieb. Die benachbarte Liebfrauenkirche war damals bevorzugte Begräbnisstätte der hohen Regierungsbeamten. Dass sich bis zum späten 18. Jh. eine Reihe von Besonderheiten erhielt, die Halberstadt dem Besucher als alte geistliche Metropole vor Augen führten, hatte seinen Grund im Fortbestand der geistlichen Stiftungen. Wir verdanken dem weitgereisten, in Halberstadt zeitweilig ansässigen Leopold Friedrich Goeckingk (1748-1828) lesenswerte Eindrücke vom alten Halberstadt:

Halberstadt ist ein lebhafter Ort, nicht just wegen seines Verkehrs, sondern weil hier die Landeskollegien des Fürstentums, viele Stifter und Edelleute, folglich viele Familien sind, die nichts zu tun haben, als Besuche zu geben und zu nehmen, oder kurz, ihr Geld zu verzehren. Ich erinnere mich nicht, an irgendeinem

Die ehem. Dompropstei und das Postamt an der Südseite des Domplatzes.

Orte von gleicher Größe, wo keine Residenz war, so viele Equipagen gesehen zu haben, und doch ist jetzt keine Garnison hier. Die Stadt ist mehrenteils altväterisch gebauet und hat nur wenige Häuser von guter Bauart, worunter die Wohnung des Domdechanten die vorzüglichste ist. Der Domplatz ist schön an sich, obgleich schlecht bebaut, indes geben ihm die Dom- und Marienkirche, welche an beiden Enden einander gegenüberstehen, ein gutes Ansehn. Da das Steinpflaster nicht das beste ist, so ward ich's bald müde, mich in der Stadt umzusehen ...

Gestern früh ging ich in die Domkirche; ein schönes gotisches Gebäude, das Jahrtausenden Trotz bieten kann. Ich bemerkte, ohngefähr in der Mitte eines jeden Turms, auswendig eine große Laterne und erfuhr, dass diese von der Stiftung eines Domherrn herrühre, welcher sich in finsterer Nacht ohnweit Halberstadt verirrt gehabt und durch das Licht des Küsters, als der auf dem Domturm abends um 8 Uhr an die Glocke geschlagen, zurecht gewiesen worden. Seit dieser Zeit brennen die beiden Laternen im Winter von 8 bis 10 Uhr, im Sommer von 9 bis 11 Uhr, und man soll ihr Licht über eine Meile weit sehen können. Mir gefällt die Menschenfreundlichkeit dieses Domherrn, denn ich selbst weiß aus der Erfahrung, was der Anblick eines Lichts dem verirrten Reisenden ist. – Es war, als ich die Kirche sah, just um die Zeit, dass die Vikarien ihre Hora hielten, und ich sah einige in ihren weissen Chorhemden über den Domplatz gegangen kommen, welches mir, als einem Fremden, etwas auffiel. Hier aber sieht niemand darnach. Sie saßen und sangen im Chore gerade wie die Mönche in ebendem Tone und mit gleichem Mechanismus ...

Aus der Menge dieser Klöster, wozu noch vier Stifter, nämlich das Domstift, Liebfrauenstift, Moritzstift und das Paulstift kommen, lässt sich das unaufhörliche Läuten der Glocken erklären, welches man Tag und Nacht hört.

Die Zugehörigkeit zum Königreich Westfalen (1807-1815) führte 1810 zur Aufhebung des Dom- und Liebfrauenstiftes. Als Pfarrkirche der Domgemeinde, deren räumlicher Kern gewissermaßen die alte Domburg und ehemalige Domimmunität ist, war dem Dom damit eine einzige seiner früheren Bestimmungen geblieben. Vermögensrechtlich ist er heute der Dom- und Schlösser-Stiftung des Landes Sachsen-Anhalt zugeordnet. Die nach 1810 leerstehende Liebfrauenkirche, ungenutzt und bald im zunehmenden Verfall, ist 1848 der (deutsch-)reformierten Gemeinde zugewiesen worden.

Nachdem Preußen vom ehemaligen Fürstentum im Jahr 1815 wieder Besitz ergriffen hatte, bedurfte es einer halberstädtischen Regierung und ihres Consistoriums nicht mehr, da die Oberbehörden der neugebildeten Provinz Sachsen ihren Dienstsitz nunmehr in Magdeburg bezogen hatten. Die Kreis- und Garnisonstadt Halberstadt war gleichwohl im 19. Jh. von einer eigenständigen und lebendigen bürgerlichen Kultur geprägt, und sie erlebte nach dem Eisenbahnanschluss im Jahr 1843 auch eine bemerkenswerte industrielle Blütezeit, die bis in das 20. Jh. hinein anhielt.

Oben: Die Liebfrauenkirche im Blick von Südosten auf die Türme und das Langhaus. Am südlichen Westturm der Ansatz des Klausur-Ostflügels mit dem Chor der „Taufkapelle", im Winkel von Querhaus und Südostturm die Barbarakapelle.

Die Liebfrauenkirche

Ältestes Bauwerk am Domplatz ist die Kirche des 1005 durch Bischof Arnulf gegründeten ehemaligen Kollegiatstifts Unser Lieben Frauen. Von der Platzmitte her gesehen liegt ihre Chorpartie im Blick, die drei Apsiden am Chorquadrum und den Nebenchören, das ausladende Querhaus. Die vier Türme sind zusammen mit den Türmen des Domes und der Martinikirche längst ein Wahrzeichen der Stadt geworden. Der mehr als mittelgroßen romanischen Basilika schließen sich im Westen die Stiftsgebäude an (s. Abb. auf dieser Seite u. S. 17). Entgegen dem ersten Augenschein ist die Kirche kein einheitlich entstandener Bau. Eine 1899 nachgewiesene dreischiffige Krypta im Vierungsbereich gehört nach den Bauuntersuchungen von G. Leopold zu einer kleineren, wohl dreischiffigen Kirche, die als der Gründungsbau anzusehen ist. Der ungegliederte westliche Turmblock, einer der in Niedersachsen häufigen West-Quertürme, lässt in seiner veränderten Orientierung gegenüber dem Erstbau eine neue Planung erkennen, rechnet aber noch nicht mit der Breite des bestehenden Baues. Als diese vergrößerte Stiftskirche errichtet war, stand

Unten links: Grundriss der ehemaligen Liebfrauen-Stiftsgebäude, Umzeichnung unter Verwendung einer Bauaufnahme von 1833.
Unten rechts: Liebfrauenkirche, Grundriss nach Bauabschnitten (Leopold 1992).

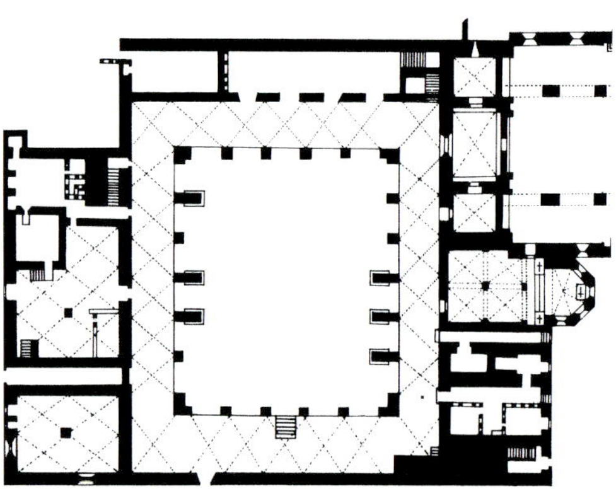

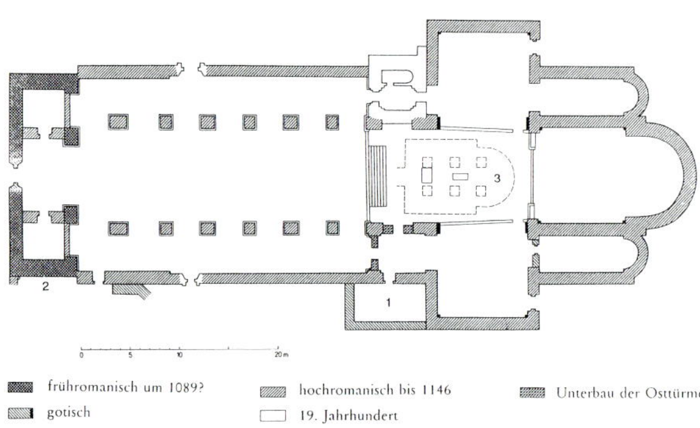

sie dem ottonischen Dom in seinen Ausmaßen nur wenig nach, in der Länge des Querhauses übertraf sie ihn sogar.

Die Wandflächen der Liebfrauenkirche sind aus einem kleinformatigen Quadermauerwerk gebildet, im übrigen ist der mit großen Fenstern versehene Bau weitgehend schmucklos. Damit gleicht er anderen Stifts- und Klosterkirchen in der weiteren Umgebung der Diözese – etwa denen der Benediktinerkirchen auf der Huysburg oder in Goseck bei Weißenfels –, die noch im 11. Jh. entstanden sind. Da überliefert ist, dass Bischof Dietmar (reg. 1089) sein Vermögen zum Ausbau und der Erhaltung dieser Kirche gestiftet hat, könnte im Zeitraum danach der Neubau der Kirche entstanden sein. Ein Kennzeichen solcher früher Entstehung ist auch das ursprünglich durchlaufende Querhaus. Ähnliche Chorlösungen mit gleichlangen Haupt- und Nebenchören finden sich schon in der Mitte des 11. Jh. im Nordwesten des Reichs (z. B. in St. Georg in Köln, 1067 geweiht). Die Ostteile der Kirche der regulierten Augustiner-Chorherren im nahen

Die Ober-Collegiat-Stifts-Kirche zu Unser Lieben Frauen, Kupferstich von Johann Matthias Haber, 1737. Die Ansicht belegt den noch im Osten und Süden anschließenden Friedhof mit seiner Wegeführung und Ummauerung.

Hamersleben – enge Verbindungen waren in der geistlichen Verwaltung des Bistums zwischen beiden Stiften gegeben – erscheinen in ihrer vielfach gegliederten hochromanischen Architektur fortgeschrittener; die Winkeltürme über den Ostjochen der Seitenschiffe dort könnten dann ihrerseits wieder auf Halberstadt gewirkt haben. Mit dem nachträglichen Bau der in den Obergeschossen achtseitigen Osttürme ging in der Lieb-

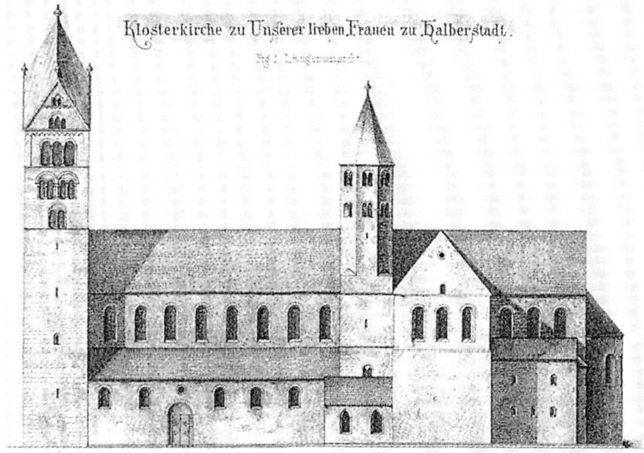

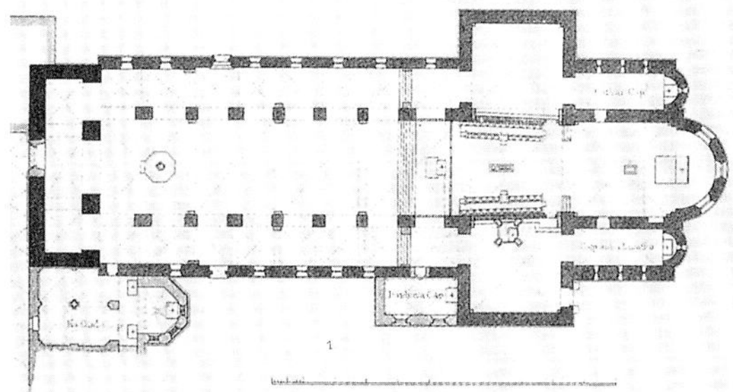

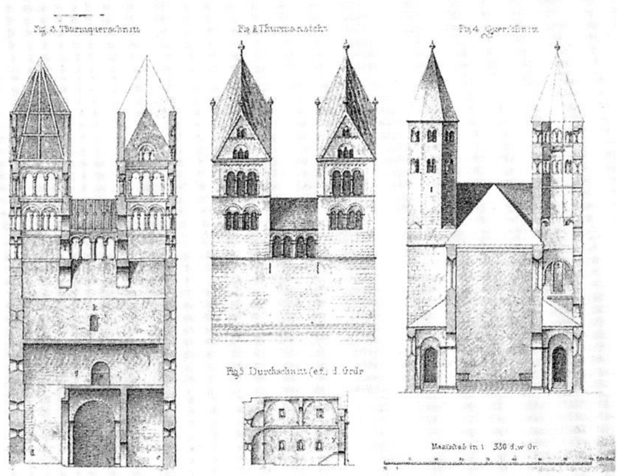

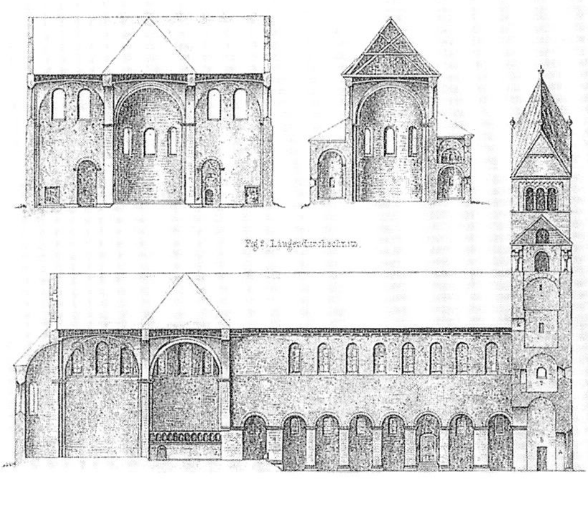

Liebfrauenkirche, Ansichten der Südseite und der westlichen Turmfront, Schnitte durch Türme und Langhaus (Die mittelalterlichen Baudenkmäler Niedersachsens, hrsg. von dem Architecten- und Ingenieur-Verein für das Königreich Hannover,1. 1862, Bl. 57).

Grundriss, um 1840 (Zeitschr. f. christl. Archäologie und Kunst 2, 1858, Taf. 11).

Oben: Chor, Querhaus und Türme der Liebfrauenkirche, vom Domplatz her gesehen.

frauenkirche wohl auch die Aufgliederung des Chores in einzelne Abschnitte einher. Geläut und Chordienst waren nunmehr anschaulicher miteinander verbunden. Unter dem Gesichtspunkt einer traditionsverhafteten Bauweise wird man hingegen eher die für das Jahr 1146 verbürgte Weihe der zuvor „kleinen und missgestalteten“ Kirche *(parvula ac deformis)* durch Bischof Rudolf auf den Neubau der Kirche beziehen und die Hinzufügung der Osttürme sich für die nächstfolgende Zeit vorstellen müssen. Als Erneuerer der Kirche – *Renovator* in der Grabmalsumschrift des 19. Jh. – fand Rudolf später sein Ehrengrab an vornehmster Stelle (s. Frontispiz). Im Außenbau erschien die Kollegiatstiftskirche jetzt dem Westwerk des Domes als ein ebenbürtiges Gegenüber.

Als im Jahr 1179 die Stadt durch Truppen Herzog Heinrichs des Löwen eingeäschert wurde, hat sicher auch die Liebfrauenkirche Schaden genommen. Eine bauliche Veränderung der Folgezeit ist die Aufstockung des Westriegels (um 1200). Erst damals hat die Kirche ihre eindrucksvolle viertürmige Gestalt erhalten. Die Überhöhung des Westquerturmes durch zwei Aufsätze wurde später für den Weiterbau der übrigen Stifts- und Pfarrkirchen in der Stadt, den Dom inbegriffen, vorbildlich: Die beiden Turmpaare wirken in ihrer Verschiedenartigkeit wie ein Lehrstück romanischer Architektur – die Türme am Querhaus als feingliedrige Glockengehäuse, die Westtürme über dem alten blockhaften Unterbau zuoberst in prächtige Fensterarkaden aufgelöst und von grundlegend anderen, mit ihren Giebeln und Rautendächern zugleich „moderneren“ Turmhelmen abgeschlossen. Nach oder während der Fertigstellung der Westtürme hat man sich dann der umfassenden Ausgestaltung des Kircheninneren zugewendet, ersichtlich im frommen Wetteifer mit den Bau- und Ausstattungsarbeiten im Dom. Besonders frühe Verehrung scheint hier die gerade im Jahr 1200 heiliggesprochene Kaiserin Kunigunde genossen zu haben. Nachdem noch vor der Jahrhundertmitte der Neubau des Domes in Gang gesetzt wurde, haben die Kanoniker des Liebfrauenstifts, die auf den Zulauf des Volkes zu ihrer Kirche verweisen konnten, sicher an bauliche Veränderungen ihres Gotteshauses gedacht, wie sich aus einer Reihe von Ablassgewährungen nahelegt. Eine davon, um 1290

Links: Das Bogenfeld des Südostportals mit den Fragmenten der stuckierten Bemalung: die thronende Muttergottes und zwei stehende gekrönte Heilige, wohl Katharina und Kunigunde. 1. Viertel des 13. Jh., später übermalt.

erlassen, war in Form einer gravierten Messingtafel am Südostportal der Kirche veröffentlicht gewesen (heute im Domschatz). Gebaut wurde aber offenbar eher an den Stiftsgebäuden als an der Kirche, zumal das Stift in diesen Jahren von finanziellen Nöten geplagt wurde.

An dieser Stelle ist auf einen einzigartigen Baubefund hinzuweisen, die Reste einer Architekturfassung, die noch im 13. Jh. entstanden sein wird: Zwar lässt die heutige steinsichtige Erscheinung des Bauwerks, die sich aus der Abwitterung einer vermutlich dünnen Tünchschicht über dem Quadermauerwerk ergeben hat, von einer den Bau idealisierenden Bemalung nichts mehr erkennen. Diese bemalte Oberfläche, ein gemaltes Quaderwerk vielleicht, muss aber vorausgesetzt werden, weil eine mittelalterliche Bemalung der Turmdächer (wie solche auf frühen Gebäudedarstellungen oft angedeutet ist) bis zur Neueindeckung der Türme in den Jahren 1975-1980 noch großflächig bestanden hat: Den langen Bahnen der Bleieindeckung waren große Blattranken aufgemalt, die der erste gedruckte Kirchenführer von 1737 noch als „allerley Laubwerck" erwähnt. Sicher war die alte Stiftskirche mit dieser Bemalung der in ihrer Bauornamentik „blühenden Kathedrale" einen Schritt

Nord- und Ostflügel der Stiftsgebäude und die Westtürme der Liebfrauenkirche.

Die Hauptapsis, Figurengruppe einer Deesis (Christus zwischen Maria und Johannes dem Täufer, um 1370), in den über dem Ostfenster eingebauten Nischen.

möglichster Breite angefügt. In den Abmessungen seiner Pfeiler deutet sich ein Stützenwechsel an. Gegenüber dem Mittelschiff ist der Chor leicht erhöht und zum Querhaus hin durch Schranken abgeschlossen. Damit haben die Querhausarme mit den vom Sanktuarium streng getrennten tonnengewölbten Nebenchören einen räumlichen Eigenwert erhalten (der südliche Nebenchor ist im Ergebnis einer Planänderung zweigeschossig angelegt; das Obergeschoss ehemals Schatzkammer?). In den Querhausarmen ist auch der nachträgliche Einbau der Kreuzgratwölbung (überschnittene Fenster) gut zu erkennen. Von der im 19. Jh. aus statischen Gründen entfernten spätgotischen Mittelschiffswölbung stammen die Schlusssteinreliefs an den Ostwänden der Seitenschiffe. In einem großen, der Scheitelhöhe der Arkaden gleichen Bogen öffnet sich der Turmblock zum Mittelschiff hin. Zugunsten der großen Wandfläche darüber ist die Schwalbennestorgel klein gehalten. Hinter dem offenen Prospekt (nach einem Entwurf von Hans Berger und Fritz

Oben: Ansicht des Inneren nach Westen.

Rechts: Ansicht nach Osten, im Zustand der Restaurierung von 1848.

weit angenähert. Berichtet wird im mittleren 19. Jh. noch von einer auf ein Turmdach gemalten „schwebenden Marienfigur“. Ganz unmittelbar trat dem Gläubigen, der die Kollegiatstiftskirche besuchte, das Bild der thronenden Mutter Gottes dann über dem Südostportal entgegen: Hier, zum Domplatz hin, sind heute noch Reste des gemalten und stuckierten Bogenfeldes zu sehen: Maria, die Schirmherrin dieser Kirche, ihr zur Seite stehend die Heiligen Katharina und Kunigunde (s. S. 18 u.). Auf der Gegenseite, über dem Portal des Nordquerhauses, ist seit dem späteren 14. Jh. diese bildliche Verehrung mit der Figurengruppe einer Marienkrönung und über dem Ostfenster der Apsis mit den Figuren einer Deesis weitergeführt worden (s. S. 19 u.).

Das Innere der flachgedeckten Pfeilerbasilika erscheint in der Abfolge von basilikalem Langhaus, Querhaus und gewölbten Ostteilen streng und feierlich gebaut, ein Raumeindruck, der nicht zuletzt durch die Wiederherstellungen des 19. und 20. Jh. bewirkt worden ist. Dem älteren Westbau ist das Langhaus in

Leweke von 1952) verbirgt sich ein Werk der Fa. A. Schuster aus Zittau von 1958. Der ehemals den Chor im ersten Langhausjoch nach Westen hin abschließende Lettner verschwand mit der Einführung des evangelischen Gottesdienstes im Jahr 1604 – seither ersetzt ihn ein schönes geschmiedetes Eisengitter (s. S. 20). Im 18. Jh. verdeckte dann eine große Prieche, der Kirchenstand der Stiftsherren, diesen Eingang des Chorbereichs. Nach den Forschungen von G. Leopold entsprach der Lettner in seinem Aufbau dem (gleichfalls nicht erhaltenen) spätromanischen Domlettner. Über seine Bildausstattung ist nichts bekannt. Unter Berücksichtigung des Marienpatroziniums und der übrigen, im Bau nachweisbaren Bildwerke dieser Zeit wird zu überlegen sein, ob ein Bild der Marienkrönung, wie es in der Neuwerkskirche von Goslar aus späteren Jahren erhalten ist, die Lettnerkanzel geschmückt hat.

Der Stuck der seitlichen Chorschranken (s. S. 22f.) zählt zu den Hauptwerken der um und nach 1200 in Deutschland ent-

Oben: Ansicht nach Osten. – Unten: Stufen zum Sanktuarium; spätromanische steinerne Brüstung; im Blick nach Nordosten das spätgotische Chorgestühl.

standenen Skulptur. Anders als es die ältere Stuckplastik in dieser Landschaft (z. B. die Emporenbrüstung aus Kloster Gröningen im Berliner Bode-Museum) zeigt, gelang es den in der Liebfrauenkirche tätigen Meistern, die Vorteile des bildsamen Werkstoffes für eine jugendfrische Individualisierung ihrer Relieffiguren und zu Gunsten der Vielfalt des ornamentalen Details zu nutzen. Unübersehbar ist die Teilhabe an der das Menschenbild damals gleichsam wiederentdeckenden Verwendung des antiken Bild-Erbes, wobei das Vorlagengut ersichtlich nicht unbegrenzt war. Gerüst der Gliederung ist eine rundbogige, feingestufte Arkatur, die die beiderseits sieben unterlebensgroßen Figuren, Christus und Maria jeweils inmitten der Apostel, einfasst. In der Schatzkunst, den Reliquienschreinen und Tragaltären, ist diese Anordnung vorgebildet. Den frontal thronenden, hoheitsvollen Hauptfiguren sind zwei Apostel zugewandt, während sich seitlich dieser Mittelfiguren noch jeweils eine Dialoggruppe ergibt – von links nach rechts an der Südschranke die Apostel Jakobus d. J., Philippus, Jakobus d. Ä.; Johannes, Simon und Judas Thaddäus, an der Nordschranke Matthias, Bartho-

Oben: Blick in die Vierung und das nördliche Querhaus. Die südliche Chorschranke mit den Stuckreliefs der Muttergottes und der Apostel, abgeschlossen von einer hölzernen Bogengalerie. Im westlichen Triumphbogen hängt der spätromanische Kruzifixus.

lomäus, Petrus; Andreas, Matthäus und Thomas (auf der Rahmung namentlich bezeichnet). Der kleinteilige Abschlussfries der südlichen Schranke mit seinem Wechsel von pflanzlichen und figürlichen Reliefs ist ein prachtvolles Zeugnis der Aufnahme antikisierender, zu dieser Zeit christlich ausgedeuteter Bildmotive (u. a. ein Reiter im Kampf gegen einen Löwen, Zentauren, ein Löwe, der ein Kalb reißt, Mischwesen). Ersichtlich ist es dieser Fries, der die Südschranke mit dem in mittelalterlicher Zeit nachweislich verehrten Marienbild besonders schmückt. Mit königlich-purpurfarbenen Obergewändern waren die Bilder von Maria und Christus gegenüber den Aposteln hervorgehoben. Anders als bei Skulpturen hochromanischer Zeit sind die Inkarnate, etwa die Wangen, in farbigen Übergängen angelegt. Auf den zeitgenössischen Betrachter dürften die in so vielfältigen Stellungen modellierten Apostel außerordentlich lebensnah gewirkt haben. Der Text des Credo, der auf den Spruchbändern erwartet werden könnte, ist nicht belegt.

Links:
Erhebung der hl. Maria Magdalena, Steinrelief an der Ostwand des Südquerhauses, vielleicht aus der im Jahr 1411 gebauten Maria-Magdalenen-Kapelle, Anfang 16. Jh.

Oben: Christus mit den Aposteln Petrus und Andreas; Stuckreliefs der nördlichen Chorschranke, darüber Halbfiguren von Engeln, in die Zwickel der Bögen gemalt. – Die vorzüglich erhaltenen Skulpturen tragen noch die alte, in spätmittelalterlicher Zeit aufgefrischte Bemalung. Die Gründe waren ursprünglich blau gefasst.

Seit fast einem Jahrhundert stehen die Schranken im Blickpunkt der kunstgeschichtlichen Forschung. Dabei ging es, vereinfacht gesagt, um die Frage, auf welchem Wege die Gotik in den mitteldeutschen Raum Eingang gefunden hat: Die Verschmelzung westeuropäischer und byzantinischer Vorbilder zeigt sich in der Zeit um 1200 – u. a. im Gefolge des 4. Kreuzzuges 1204 – allenthalben, und da nur wenige Werke datiert sind, bereitete die stilkritische Zuweisung innerhalb einer nicht geradlinig verlaufenden „Entwicklung" Schwierigkeiten; die Folge waren kontroverse Datierungsvorschläge und Einordnungen, etwa in der Frage des Verhältnisses der Halberstädter Schranken zu der Schranke der Hildesheimer Michaeliskirche. Beide erkennbar verwandten Werke werden nicht in einem unmittelbaren Werkstattzusammenhang entstanden sein, doch wurde für die Halberstädter Stuckarbeit ihre vorrangige Verankerung in der niedersächsischen Tradition geltend gemacht (Hohmann 2000). In Halberstadt stehen sich offenbar einzelne Werke zeitlich näher, als es ihr „Stil" zunächst denken lässt, was auch für die Groß-

Rechts: Die Muttergottes von der südlichen Chorschranke, darüber der Rankenfries mit den figürlichen Füllungen.

Der Triumphkruzifixus der Liebfrauenkirche.

kreuze in Dom (s. S. 56) und Liebfrauenkirche (s. S. 24) gelten wird. Jünger als die Stuckierung der Schranken ist die Querhauswölbung, auf deren einstige figürliche Bemalung die Vielzahl stuckierter Nimben hinweist, und ebenso die in Pausen überlieferte, in wenigen Resten am südlichen Obergaden sichtbare spätromanische Ausmalung des Raumes (s. S. 28).

Das Bildprogramm der Schranken und des Lettners hat in der wohl erst um 1220, mit der Einwölbung von Chor und Querhaus gearbeiteten Triumphkreuzgruppe seine Überhöhung gefunden. Anders als im Dom ist hier nur der Kruzifixus erhalten. Der überlebensgroße Körper des Erlösers scheint schwerelos vor dem gewaltigen Kreuz zu stehen, das Haupt mit offenen Augen leicht geneigt und damit ehedem Maria zugewendet, die also vermutlich nicht – wie die Maria der Domkreuzgruppe – in Schmerz versunken war, sondern sich ihrerseits Christus zugewandt haben könnte (vgl. die Wechselburger Kreuzgruppe).

Die genannte Ausmalung der Hochschiffs- und Chorwände mit Standfiguren der Großen und Kleinen Propheten führte zum Bild der thronenden Maria in der Hauptapsis hin: Als Vorläufer der Apostel verwiesen die Propheten mit ihren Spruchbändern über die Gegenwart hinaus auf die Wiederkunft Christi.

Das zweireihige Gestühl der Stiftsherren und ihrer Vikare stand ehemals im „unteren Teil des hohen Chores", der Vierung – es ist ein Opfer des Luftangriffs von 1945 geworden. Hier, inmitten der Klerikergemeinschaft, hatte bei Gelegenheit des Domchorneubaues (1372) Bischof Rudolf (gest. 1147) seine letzte Ruhestätte gefunden – zunächst wohl noch ohne Bildnisdenkmal, denn die heute auf das Grab verweisende Bronzeplatte mit der kleinen Standfigur des segnenden Bischofs stammt aus dem 3. Viertel des 15. Jh. Heute ist im oberen Chorabschnitt ein Rest eines reizvollen spätgotischen Chorgestühls aus der Zeit um 1500 aufgestellt.

Steinerne Grabdenkmäler sind in einer Auswahl und Aufstellung des mittleren 19. Jh. an den Außenwänden der Seitenschiffe zu finden. Im 15.-18. Jh. entstanden, erinnern die ältesten unter diesen Grabplatten an Würdenträger und Wohltäter des Stifts. Letzte Zeugnisse der offenbar ansehnlichen barocken Austattung dieser Kirche sind einige Grabdenkmale für höhere Mitglieder der Halberstädter Regierung. Unter den einzelnen, noch um 1800 überaus zahlreichen älteren Kunstwerken ist ein großes, von einem Baldachin beschirmtes Vesperbild aus der Zeit um 1400 hervorzuheben. Von vorzüglicher Qualität sind auch mehrere spätgotische Heiligenfiguren aus Stein. Die kostbarsten Ausstattungsgegenstände der Kirche sind seit längerer Zeit in der Sammlung des Domschatzes zu finden (s. S. 67).

Vesperbild, um 1400, im nördlichen Nebenchor.

Die Barbara-Kapelle mit ihrer um 1430 entstandenen Ausmalung und dem Altarretabel aus gleicher Zeit.

Unten: Barbara-Kapelle. Auf die Bohlenwand im Osten ist Christus als Weltenrichter gemalt, darunter die Stifter aus der Familie von Plötzke mit ihren Schirmheiligen Jakobus und Barbara. Der Altar im geschlossenen Zustand, mit den Standfiguren der hll. Stephanus und Andreas, Johannes d. T. und Bartholomäus. Die jüngere Predella mit der hl. Anna Selbdritt, begleitet von den Heiligen Erasmus, Petrus und Paulus (links), Rochus, Cosmas und Damian (rechts).

Von den beiden unmittelbar südlich an die Kirche anschließenden Kapellen verdient die Barbarakapelle, eine private Stiftung, wegen des Zusammenhangs ihrer um 1430 entstandenen Raumausmalung mit dem gemalten Flügelaltar besonderes Interesse. Die Kreuzigung im geöffneten Altar und die thronenden Gestalten Christi und Mariens auf den blauen Gewölbekappen scheinen das Thema des Kircheninneren aufzunehmen, erweitert um den auferstandenen Christus, um Evangelisten, Kirchenväter, die Patrone St. Barbara und St. Jacobus d. Ä. und die in dieser Zeit so beliebten musizierenden Engel.

Die sogenannte Taufkapelle ist der älteste und eindrucksvollste Raum der westlich der Kirche angebauten Stiftsklausur. Der um 1170/80 entstandene, in vier Jochen über einer Mittelsäule (s. S. 29) gewölbte Raum in den schweren Formen der reifen niedersächsischen Hochromanik ist um ein gotisches Polygon nach Osten hin erweitert (s. S. 16). Seitdem in der Stiftskirche evangelischer Gottesdienst eingerichtet worden war, diente diese Kapelle den katholischen Domherren als gottesdienstliches Refugium („katholische Kapelle"; ursprünglich wohl Maria Magdalena geweiht). Die hier stehende Taufe, ein schöner heimischer Bronzeguss des Meisters Matthias Kipmann von 1614, hatte bis 1845 ihren Platz im zweiten westlichen Langhausjoch. Sie ersetzte dort ein älteres Werk, vielleicht die kleine

Barbara-Kapelle. Im geöffneten Altar Kreuzigungsgruppe mit den Titelheiligen und Stiftern, auf den Flügeln die Heiligen Reinhold und Georg, Dorothea und Hedwig.

kelchförmige Bronzefünte, die seit dem 19. Jh. im Dom nachweisbar ist und heute im unteren Domremter steht (s. S. 88).

Die schon 1833 unter der Mitwirkung von Karl Friedrich Schinkel konzipierte, 1840-1845 ausgeführte Wiederherstellung der damals verfallenden Kirche zählt zu den frühen, unter denkmalpflegerischen Gesichtspunkten vorgenommenen Instandsetzungen. Neben der baulichen Sicherung ging es um die Beibehaltung und im archäologischen Sinne richtige Wiederherstellung der romanischen Erscheinung dieser Kirche, um den Neuaufbau des baufälligen Nordostturmes, die Korrektur der Apsidendächer, der Giebelschrägen und Firsthöhen, die Wiederherstellung der Gesimse. Ferdinand von Quast (1808-1872), der erste preußische Konservator, wurde hier schon 1842 beratend tätig. Entgegen seiner Stellungnahme wurde die damals noch erhaltene barokke Ausstattung weitgehend entfernt. Angesichts der schon um 1825 entdeckten spätromanischen Raumausmalung (s. S. 28) erwies sich diese Kirche für Quast als das ideale Beispiel einer durch Malerei vollendeten mittelalterlichen Architektur. Gegenüber den Originalen blieb allerdings das Ergebnis der als Kopie gedachten Neuausmalung weit zurück – schon die Zeitgenossen waren davon nicht befriedigt. In Übereinstimmung mit der Reformierten Gemeinde wurde mit der Wiederherstellung der Kirche 1951 diese romanisierende Ausmalung aufgegeben und der Raum hell und architektonisch behutsam akzentuiert ausgetüncht. Eine erneute Instandsetzung ist im Jahr 2003 abgeschlossen worden. Im Inneren hat sie sich mit hellockerfarbenen Gewölbekappen und nahezu weißen Wandflächen wieder auf jenes Raumbild der Nachkriegszeit bezogen.

Der Besucher sollte nicht versäumen, den Kreuzhof des ehemaligen Stifts zu besuchen. Ungeachtet der vielfachen Umbauten, mit denen das klosterähnliche Geviert den Bedürfnissen der Stiftsverwaltung und später verschiedenen Unterrichtszwecken angepasst worden ist, hat sich die mittelalterliche Erscheinung dieser seit dem 12. Jahrhundert entstandenen Gebäude im Kern bewahrt, und ihre räumliche Verbindung mit dem romanischen Westriegel der Liebfrauenkirche ist von besonderem Reiz (s. S. 19). Zur alten Ausstattung des überwölbten Kreuzgangs gehört ein spätgotisches Kreuzigungsrelief (1508). Neben nachmittelalterlichen Grabdenkmälern, die hier Aufstellung gefunden haben,

Oben: Umrisspausen (1842) von der spätromanischen Ausmalung. Die Propheten Hesekiel, Jonas und Hosea.

Links: Längsschnitt durch das östliche Mittelschiff: Querhaus und Chor im Blick nach Norden mit den ersten Entwürfen zur Wiederherstellung der figürlichen und dekorativen Ausmalung. Um 1845.

hat der Kreuzgang eine Anzahl steinerner und hölzerner Zierglieder von Wohnhäusern des 15.-17. Jh. aufgenommen, eine Erinnerung an die im 2. Weltkrieg weitgehend zerstörte Profanarchitektur der Oberstadt.

Charakteristisch für die Institution des geistlichen Stifts sind die Kurienhöfe auf der umgebenden Stiftsfreiheit, die in Halberstadt nach den jeweiligen Inhabern der Pfründe benannt wurden. Wie die meisten der Domkurien sind diese stattlichen Gebäude in der 2. Hälfte des 18. Jh. neu gebaut worden (s. S. 92). Damals standen dem Oberkollegiatstift zu Unser Lieben Frauen neben dem Propst und dem Dechanten zehn residierende Kapitulare vor.

Der Petershof

Der ehemalige Wohn- und Amtssitz der Bischöfe liegt unmittelbar neben dem Liebfrauenstift im nordwestlichen Winkel des Domplatzes. Im Blick von der Unterstadt her erscheint er als mächtige Baumasse, da seine Keller – wie im spätmittelalterlichen Burgenbau üblich – über das Plateau des Berges hinausgebaut worden sind. Dass die im stumpfen Winkel hier aufeinandertreffenden beiden Flügel noch Teile des Gründungsbaues von 1052 enthalten, ist nach bisheriger Kenntnis nicht auszuschließen. Im mittleren 11. Jh. hatte Bischof Burchard I. in diesem Teil des suburbi-

Oben: Die sogen. Taufkapelle. Mittelpfeiler und Südwand im Blick nach Südwesten (1992).

Unten: Der östliche Kreuzgang im ehemaligen Liebfrauenstift, nach Norden.

Der Petershof, in der Ansicht vom Grudenberg.

ums, der nicht dem Liebfrauenstift gehörte, eine „curtis episcopalis", die Curia S. Petri, erbauen lassen. Ihr Patrozinium verweist auf die Bestimmung des Anwesens als bischöflichen Wohnsitz. Die mittelalterlichen Wohngebäude dieser exponiert gelegenen Bischofsburg gingen nach der Mitte des 16. Jh. in einem glanzvollen Neubau auf, den Bischof Sigismund II. (1552-1566) ins Werk gesetzt hatte. Ungeachtet mehrerer baulicher Veränderungen wie dem Verlust der Zwerchhäuser zählt der Petershof heute zu den seltenen Zeugnissen geistlicher Residenzen des 16. Jh. im nördlichen Mitteldeutschland. Am Außenbau bezeugen der feingliedrige Erker der Hoffront und der Treppenturm diese Erneuerung. Die Bautengruppe diente im 17./18. Jh. der Landesverwaltung, im 19. Jh. dem Amtsgericht, was mit zweckdienlichen Umbauten verbunden war. Als Domizil der Stadtverwaltung ist im Jahr 2003 der Hauptflügel, durchaus zum Nachteil seiner äußeren Erscheinung, um ein zusätzliches Obergeschoss in Stahl und Glas aufgestockt worden. Zugleich wurde im kreuzgratgewölbten Erdgeschoss ein Küchenraum mit einem Rauchfang von eindrucksvoller Größe freigelegt (als Kantine zu besichtigen). Im Obergeschoss hat sich ein großer Saal befunden; eine der riesigen Balustersäulen, die sein Deckengebälk zu stützen hatten, ist sichtbar geblieben (s. S. 31).

Die Kapelle des Petershofes ist ein bis nach Osten zur Peterstreppe hin reichender Saalbau mit eingezogenem, polygonal geschlossenen Chor (s. S. 31). Sie wird mit ihren drei weitgespannten Kreuzgratgewölben im Schiff, nach den Gewölbekonsolen zu urteilen, noch vor der Mitte des 14. Jh. entstanden sein, ebenso der Chor mit seiner auf Diensten lagernden Rippenwölbung. Im Jahr 1665 war die Kapelle der deutsch-reformierten Gemeinde übergeben worden. Von der damals entstandenen barocken Ausstattung hat sich nichts erhalten. 1869 war sie zum Gerichtslokal umgebaut worden, der westlich anschließende, mittelalterliche Bauteil zum Zellentrakt. Nach der 1997 begonnenen grundlegenden Entkernung dient die Kapelle heute als Stadtbücherei (Architekten Hülsdell und Halleger).

Unten: Der Treppenturm am Hauptflügel des Petershofes. Über dem (Sitznischen-) Portal das Wappen Bischof Sigismunds II. von Hohenzollern, datiert 1552, dem Jahr seines Regierungsantritts.

Oben: Petershof, die profanierte Peterskapelle: der aufgestockte Saalraum mit dem Chor, von Südosten her gesehen.

Oberer Treppenabschnitt und Rippensternwölbung im Treppenturmgehäuse. Im Schlussstein Stephanusfigur als Wappenhalter, datiert 1554.

Steinerne Balustersäule und Deckengebälk im ehemaligen Saal des Petershofes im 1. Obergeschoss des Westflügels, in der Neugestaltung von 2003.

Teil eines Langhaus-Kapitells, Fundstück, zum Domneubau nach 965 gehörend.

Die Domkirche St. Stephanus und St. Sixtus

Die seit dem 13. Jh. errichtete Kirche verkörpert im Anspruch ihrer Architektur, dem an das westliche Doppelturmpaar kreuzförmig anschließenden Langhaus und dem gleichfalls basilikal aufgebauten Chor Würde und Rang des ehemaligen Hochstifts. Ungeachtet allen Formenwandels im einzelnen verbindet das Strebesystem des Außenbaues, die Reihung der Joche und die den Ansatz des Daches umziehende Galerie die verschiedenen Bauteile. Vereinheitlichend wirkt auch der warme Ton der Kalksteinquader aus den Huybergen, mit denen der Dom erbaut ist – heller sind nur die oberen, im späteren 19. Jh. neu gebauten Turmobergeschosse. Von den im Süden angebauten Domstiftsgebäuden wurden im 3. Viertel des 19. Jh. die spät- und nachmittelalterlichen Bauteile zu Gunsten einer denkmalhaft-monumentalen Gesamterscheinung der Kathedralkirche entfernt. Im nördlichen Kreuzgangflügel sind die ältesten noch aufrecht stehenden Mauern des ersten Domes zu sehen.

Den von 1952 bis 1955 von G. Leopold in Zusammenarbeit mit F. Bellmann durchgeführten Grabungen ist die Kenntnis der Vorgängerkirchen des heutigen Domes zu danken: Als ältester Kirchenbau wurde ein breites, dreischiffiges Gebäude ermittelt, das mehr als die Osthälfte des heutigen Langhauses einnahm. Seine schmalen Fundamente trugen keine Türme, doch war im Osten ein querhausähnlicher Bauteil mit rechteckigem Altarraum zu erkennen (Bau Ia, nach Leopold, s. S. 33). Diese Kirche wurde bald nach Osten und auch nach Westen hin erweitert: eine Krypta und vermutlich seitliche Osttürme weisen auf vermehrte liturgische Funktionen, so dass dieser Bau die zur Bischofskirche vergrößerte Missionskirche gewesen dürfte – der erste, unter Bischof Thiatgrim (827-840) gebaute Halberstädter Dom (Bau Ib). Ein kleiner Zentralbau unmittelbar westlich davon war streng auf die Achse der Kirche bezogen. Diese kleine Reliquien- oder Memorialkapelle wurde dann in den nächstfolgenden, weitreichenden Umbau einbezogen: Der für das Jahr 859 überlieferten Weihe des karolingischen Domes ging nämlich die Vergrößerung der bestehenden Kirche auf ihre doppelte Länge voraus (Bau Ic). Somit wies die Halberstädter Bischofskirche bereits in der Mitte des 9. Jh. eine Ausdehnung auf, die nahezu der gesamten Innenraumlänge des späteren gotischen Dombaues entsprach. Die Ostteile bestanden nunmehr aus einem großen Querhaus, gefolgt von einem langen, apsidial schließenden Chor über einer Krypta mit Umgang, seitlichen Stollen und einer kreuzförmigen, äußeren Scheitelkapelle, ein vielräumiger Baukörper, wie er in dieser Zeit ähnlich auch im Hildesheimer Dom (geweiht 872) und der Stiftskirche in Corvey (vor 873) errichtet worden ist. Im Westen war an die alte Giebelwand ein im Grundriss fast quadratischer Bauteil angefügt worden. Diesen haben die Ausgräber als Westwerk bestimmt. Die wenigen erhaltenen Beispiele dieses vorromanischen Bautypus finden sich im rheinisch-westfälischen Raum (Corvey u. a.), und von diesen

Die Vorgängerbauten des heutigen Domes, Grundflächen in schematischer Darstellung (vgl. die Abbildungen rechts).

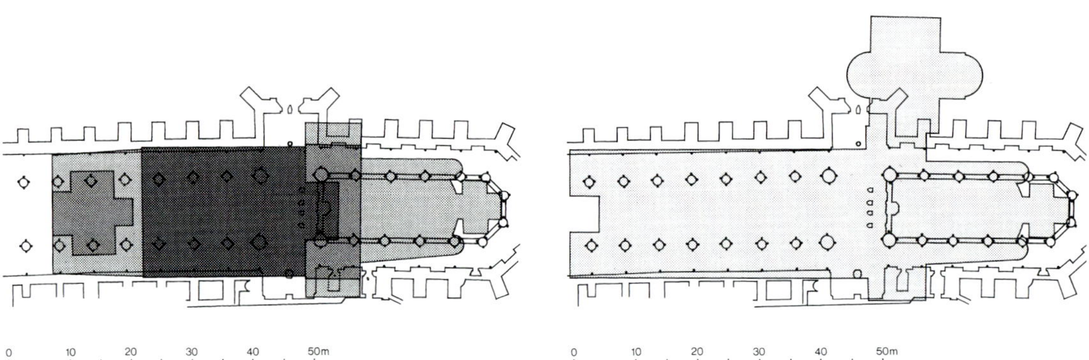

Bau I a Bau I b Bau I c Bau II a, mit der Ludgerikirche III, der gotische Dom

etwas jüngeren Bauten her ist eine gewisse Vorstellung von diesem großen Baukörper als westlichem Abschluss der Kirche zu gewinnen: Mit ihm wurde der Halberstädter Bischofssitz wahrscheinlich erstmals wahrzeichenhaft in der Landschaft sichtbar.

In dem nach 965 begonnenen Neubau ist die alte Krypta in ihrer charakteristischen Form wiedererstanden (974 geweiht). Ihr Hauptaltar war der Jungfrau Maria gewidmet. Möglicherweise glich dieser neue, der ottonische Dom (Bau II) auch noch in anderen Merkmalen seinem karolingischen Vorgängerbau – jedenfalls legt das Fundstück eines Langhauskapitells solche Überlegungen nahe. Von gleicher Breite wie die ältere Kirche, zeichnete sich das nach Westen hin längere Langhaus jetzt aber durch einen Stützenwechsel aus, wie er sich im etwa gleichzeitigen Bau der Stiftskirche von Gernrode bis heute erhalten hat. Ein System von Überfangbögen, wie es hier von den Abmessungen der Basen her erschlossen worden ist, gliedert bis heute auch die Langhauswände der am nördlichen Harzrand gelegenen ehemaligen Benediktinerinnenkirche von Drübeck. Anstelle des karolingischen Westwerkes war mit dem größeren ottonischen Neubau das alte zentrale Grab, das einst die kleine Memorialkapelle umgeben hatte, wiederum von einem „chorus" umgeben worden – der hier stehende Hauptaltar diente der Verehrung des hl. Sixtus, des zweiten Patrons der Bischofskirche. Im Inneren dieses Westbaues, der 1235 als Turm, *turris*, bezeichnet wird, sind Stützen einer Arkatur der Längswände nachgewiesen. So stellen wir uns einen Raum wie das zweite Westwerk der Kölner St. Pantaleonskirche (um 1000) mit dem Emporengeschoss über der Portalvorhalle vor, wenn wir bei Thietmar von Merseburg in seiner Chronik für das Jahr 1013 lesen, dass der Halberstädter Bischof Arnulf, „im Westteil des

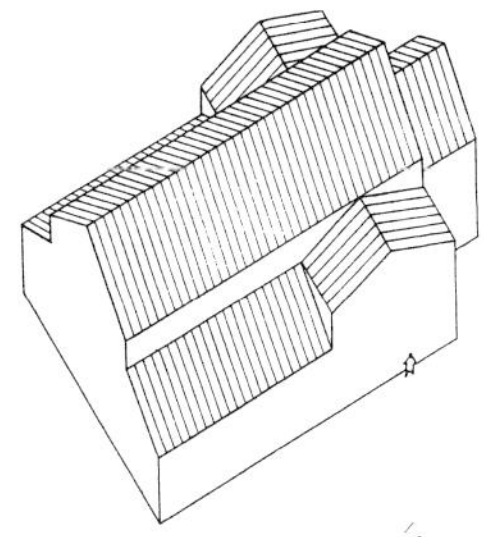

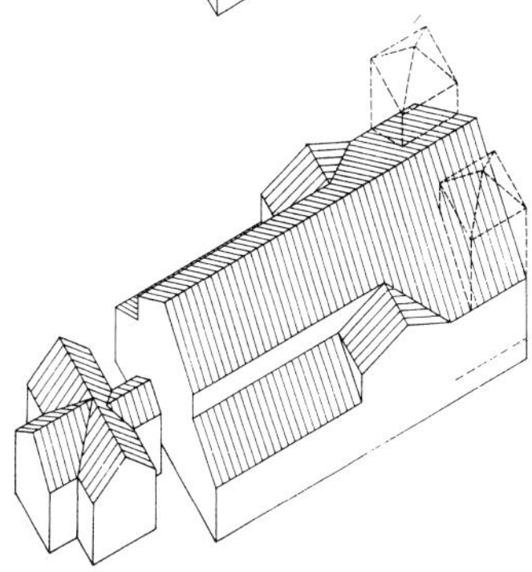

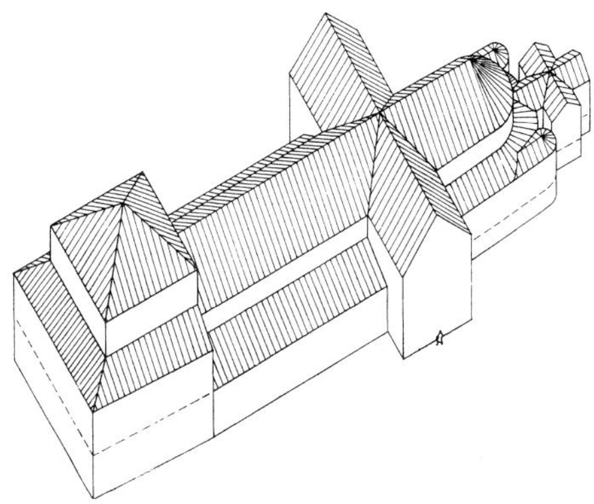

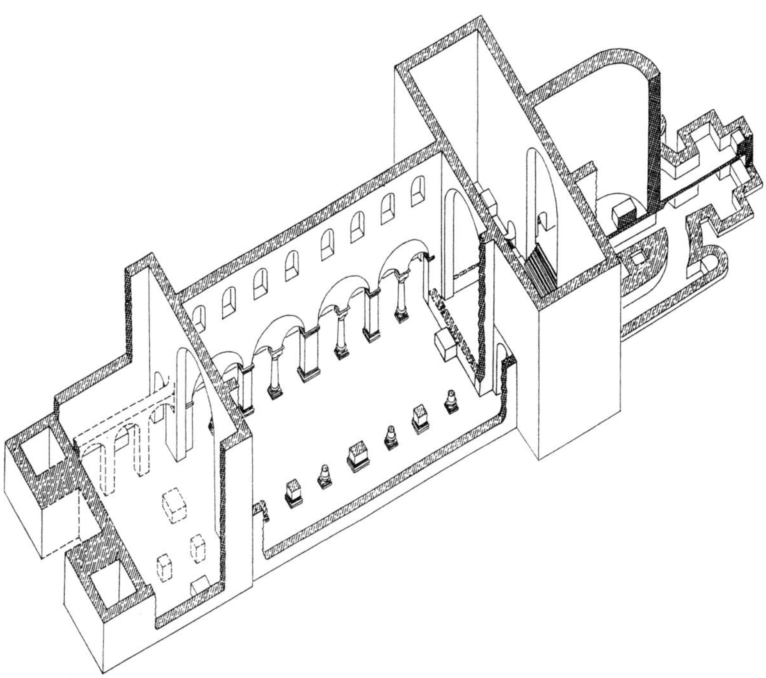

Oben:
Missionskirche des Bischofs Hildegrim I., Rekonstruktion von G. Leopold 1984 (Bau Ia).

Darunter:
Erweiterungsbau Bischof Thiatgrims (Bau Ib), Rekonstruktion von G. Leopold 1984.

Zuunterst:
Der karolingische Dom Bischof Hildegrims II. (vor 859; Bau Ic), Rekonstruktion von G. Leopold 1984.

Links:
Der ottonische Dom (Bau IIa), Rekonstruktion von G. Leopold 1984.

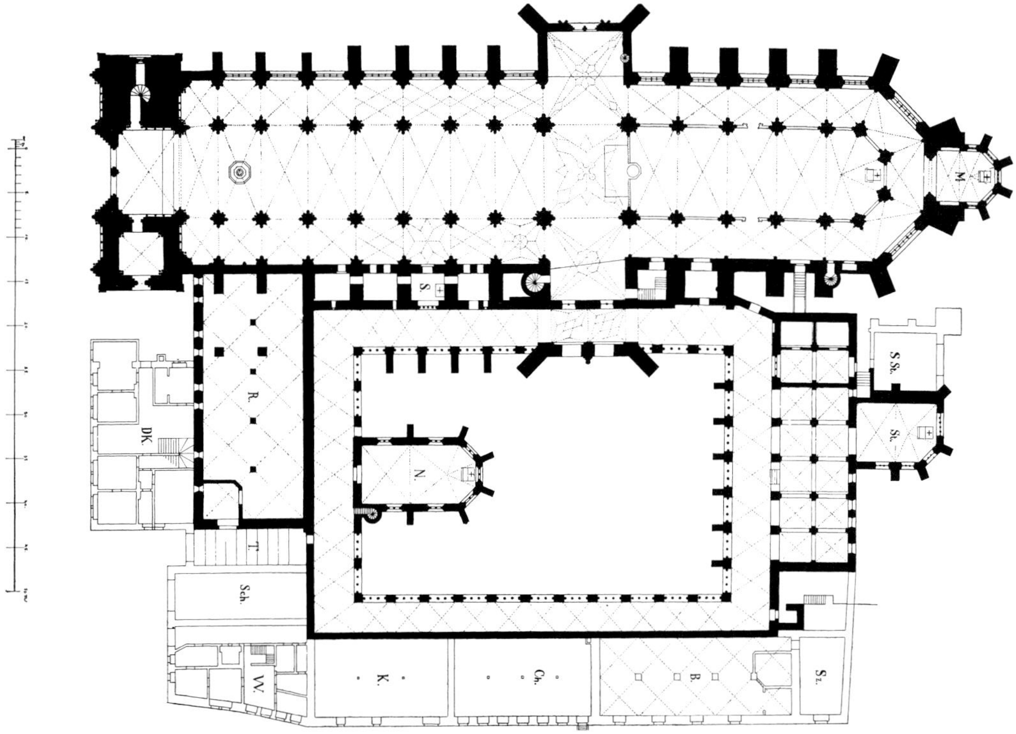

Grundriss des Domes und der Domstiftsgebäude, vor 1865. M = Marienkapelle, S = „Sakristei", R = Remter, N = Neuenstädter Kapelle, St = Stephanuskapelle. Weitere Stiftsgebäude (im Grundriss hell) bis 1868 abgebrochen, u. a.: St = Ständestube, St. Pfarrstube, T = Spendtreppe, DK = Domkeller. Nach Döring 1902.

Der ottonische Dom mit spätromanischer Einwölbung und der Ludgerikapelle, Grundriss. Nach G. Leopold 1984.

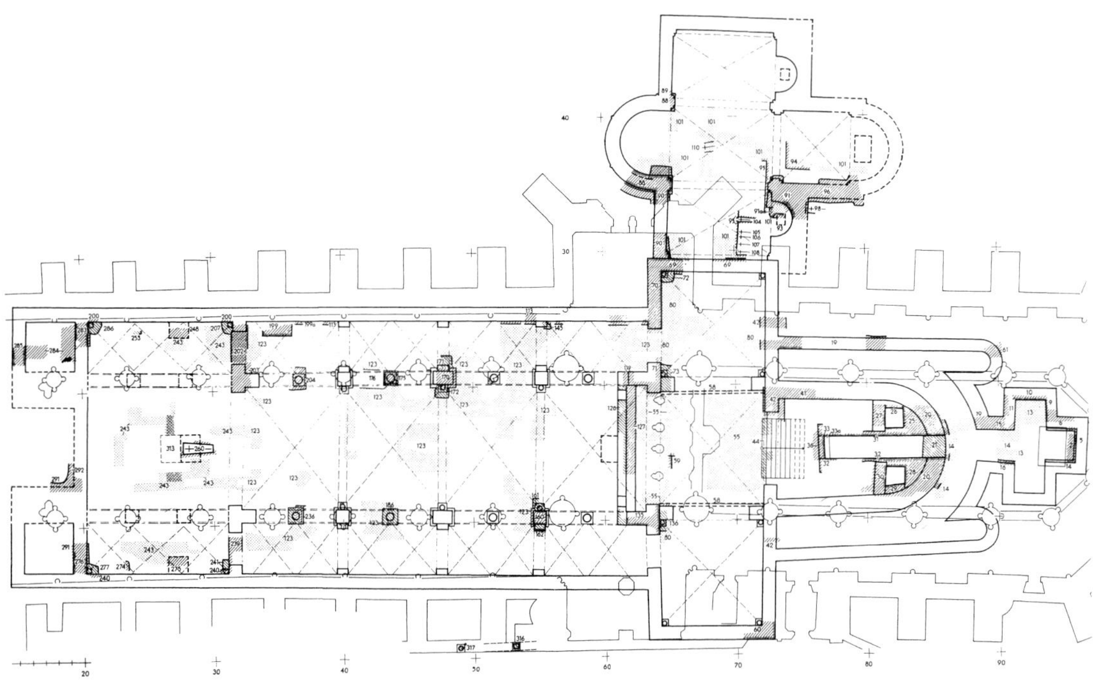

Links: Die Türme von Dom und Martinikirche, vom Düsteren Graben her gesehen.

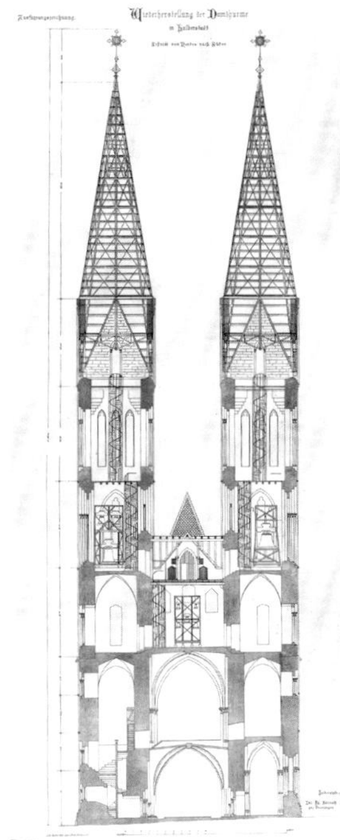

Rechts: Schnittzeichnung zum Neuaufbau der Domtürme in einer Höhe von fast 92 Metern, gez. von Hugo Köhler, 1896 (Landeshauptarchiv Magdeburg, Rep. C 35, Halb. I. Nr. 35/24).

Münsters auf der obersten Stufe" thronend, in königlichem Auftrag Gericht hielt. Die Mittelempore wird auch das in der Weihenachricht von 992 genannte, vom Mainzer Erzbischof den Erzengeln, voran Michael, geweihte „supremum oratorium" gewesen sein. Das in einer tiefen Nische liegende Westportal wurde beidseits von zwei „Annexen" eingefasst. In ihnen lagen wohl die Treppen zu den Emporen.

Nachdem im Stadtbrand von 1179 auch der Dom ausgebrannt war, muss seine Wiederherstellung unverzüglich in Gang gesetzt worden sein. Eine für Bauwerke dieses Ranges nunmehr unverzichtbare Aufwertung, die (spätromanische) Einwölbung des bis dahin noch flachgedeckten Mittelschiffs, folgte unter Bischof Konrad von Krosigk; die Neuweihe fand aber erst im Jahr 1220 statt. In diesen Jahrzehnten entstand auch die bedeutende neue Ausstattung. Von dieser wurden nachfolgend einige besonders kostbare Werke in den gotischen Neubau des Domes übernommen – mit dem spätromanischen Taufstein (s. S. 54) und der Triumphkreuzgruppe (s. S. 57) sind damit zugleich liturgische Hauptstücke des alten Domes bis zur Gegenwart am alten Ort erhalten geblieben. Man wird sich den wiederhergestellten und gewölbten ottonischen Dom als großes und würdiges Gotteshaus vorstellen müssen. Am nördlichen Querhaus schloss die bischöfliche Hauskapelle St. Ludger an (1071 unter Bischof Burchard II. errichtet; vgl. die erhaltenen Zentral-Kapellen an den Domen von Speyer und Mainz).

Die Weihe von 1220 lag noch nicht zwei Jahrzehnte zurück, als das Domkapitel und Bischof Ludolf von Schladen (1236-1241) einen Neubau in Gang setzten, wie aus einem (bei Gelegenheit der Mainzer Domweihe 1239 verbrieften) Ablass hervorgeht. Bau-

Unten: Die Westtürme des Domes, vorn das 1992 errichtete Mahnmal zum Gedenken an die Verschleppung der jüdischen Bürger von Halberstadt.

Der Dom. Ansicht der Nordseite und der westlichen Turmfront. Kupferstich nach einer Zeichnung von C. M. Haber (nach Haber 1739).

schäden sind nicht überliefert, und so dürfte das Vorhaben, einen in Grösse und Bauweise anspruchsvolleren Dom hier zu errichten, von den großen Dom-Neubauten und -Erweiterungen in Mainz, Bamberg und Naumburg angeregt und nicht zuletzt in der alten Konkurrenzsituation zu Magdeburg (Domneubau ab 1209) begründet gewesen sein. Die Bauarbeiten begannen ungewöhnlicherweise nicht mit einer Erneuerung der Ostteile, sondern mit neuen Westtürmen westlich der bestehenden Kirche. Der alte Dom konnte daher ohne weitere Beeinträchtigungen genutzt werden. Im Plan des Bauablaufs lag es, sein Westwerk als ersten Bauteil abzubrechen – man wird vermuten können, dass der alte, die zeitweilige Anwesenheit des Königs bedeutungsvoll spiegelnde Zweck dieses Bauteiles sich erübrigt hatte und andererseits liturgische Funktionen wie der Standort des Sixtusaltars im Neubau eine veränderte Ordnung finden sollten. Da von der Neubauplanung nur diese Türme ausgeführt wurden – sie bilden die ältesten zusammenhängenden Bauteile des heutigen Domes –, besteht zwar Klarheit über die Querschnittsproportionen des geplanten Langhauses, offen ist dagegen, wie der Ostabschluss und der Aufriss des Inneren und Äußeren gedacht waren.

Eingefasst von seitlichen Lisenen und abgeschlossen von einem kräftigen, über dem großen Rosenfenster angehobenen Rundbogenfries, ist der untere Turmabschnitt als breitgelagerter Westriegel angelegt, der von den überaus hohen, rechteckigen Turmkörpern überlastet zu sein scheint – ein Eindruck jedenfalls, der von der Ausformung der großen Turmfenster und der Turmhelme begünstigt wird: Während das unterste Geschoss der Turmschäfte und das Glockenhaus dazwischen im Kern noch dem mittleren 13. Jh. angehören, sind die oberen Turmgeschosse und vollends die Dachabschlüsse ein Werk der Wiederherstellung von 1882-1896, entworfen vom Kreisbaumeister Varnhagen (s. S. 35). Als Erfindungen des 19. Jh. geben sich auch die Oberlichter des Hauptportals und die Maßwerkrose des Rundfensters zu erkennen (s. S. 37 u.). Ob die in der gesamten Turmbreite angelegte Vorhalle auch ausgeführt gewesen ist, wofür eine Reparaturnachricht von 1376/67 zu sprechen schien, ist wieder

Westportal und Rundfenster (nach Lucanus 1837).

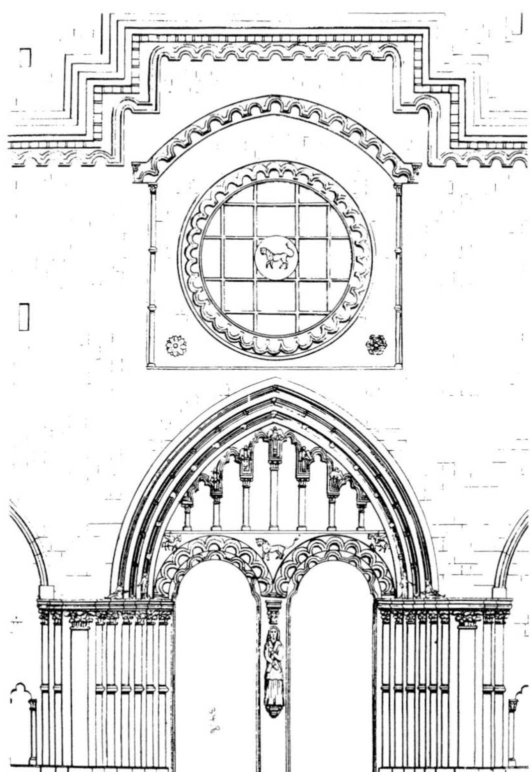

fraglich geworden, seit bei einer dort notwendigen Aufgrabung keine Fundamente gefunden werden konnten. Ihre Ansätze für Bögen und Rippen lassen erkennen, dass sie dreischiffig und nach den Seiten hin offen ausgebildet sein sollte. Der Übergang vom Ansatz ihrer Wölbung zum Sichtquadermauerwerk verläuft nach außen hin fallend, so dass mit einiger Wahrscheinlichkeit ein Walmdachabschluss anzunehmen ist, zumal dann das Radfenster nicht überschnitten gewesen sein muss.

Westliche Doppelturmfassaden mit rechteckigen Türmen waren in der Landschaft längst üblich, wie der Blick auf die Stiftskirche von Quedlinburg zeigt. In der Zeit um 1200 erscheint die zweitürmige Westfassade dann vielerorts und in einigen Landschaften, wie dem Niederrhein, bevorzugt als Merkmal bedeutender Stifts-, Pfarr- und Klosterkirchen. In Halberstadt beansprucht der Westriegel aber gegenüber dem Langhaus eine größere Breite, und darin gibt sich eine neue Bedeutung dieses Baukörpers kund. Im Grundriss (s. S. 34) ist zu sehen, dass sich der Innenraum zwischen den beiden Türmen nach Osten hin mit dem Langhaus verbindet; das Eingangsjoch hinter dem großen Westportal öffnete sich hier zum (in der ersten Planung niedrigeren) Mittelschiff hin, sehr wirksam von dem großen westlichen Rundfenster belichtet. Eine solche bauliche Disposition ist von grundlegender Bedeutung, und sie könnte die Wünsche und Vorstellungen der Bauherrschaft spiegeln. Es ist bisher nicht geklärt, ob die zu eben dieser Zeit im Bau befindliche Braunschweiger Pfarrkirche St. Katharinen, die im Verhältnis zu Halberstadt als Nachfolgebau gilt, nicht in der Anlage ihres unteren Turmgeschosses für den Dombau der Nachbarstadt wichtig gewesen ist: vergleichbar ist u. a. die Rahmung des Turmblocks durch Lisenen (die Eckstäbe sind in Braunschweig schon zuvor bekannt) und Rundbogenfriese, auch das große Westportal mit dem ungeteilten Rundfenster unmittelbar darüber. Mit dem Umlaufsockel als Portalrahmung wirkt dieses Braunschweiger Turmerdgeschoss altertümlich – erst im Obergeschoss darüber ist mit der üppigen, in Halberstadt von Anbeginn verfügbaren Bauzier wie der Kleeblatt-Arkatur, den unprofilierten, scharf aus der Wand geschnittenen Bögen über den Gewändesäulen ein vergleichbarer Fundus an Einzelformen vorhanden. Dieses Geschoss ist, dem Braunschweiger Herkommen

Das untere Geschoss der Westtürme, mit dem Hauptportal und dem Ansatz der ehemaligen Vorhalle. Ergänzungen der Wiederherstellung nach 1867 sind die Gliederung der Oberlichtöffnungen und das Maßwerk des Rundfensters.

entsprechend, ins Achteck geführt und von einem gestuften Bogenfries, wie er in Halberstadt erst am oberen Gesims der Türme Verwendung findet, abgeschlossen.

Der Weg dieser charakteristischen frühgotischen Formen nach Mitteldeutschland hat die kunstgeschichtliche Forschung schon lange beschäftigt: die Herkunft aus Burgund oder dem französischen Kronland, die Verschmelzung mit der ober- und mittelrheinischen Spätromanik zu einer reichen Architektur, wie sie sich in den Zisterzienserbauten von Maulbronn und Ebrach, dann in Walkenried zeigt und die an den Domneubauten von Magdeburg und Bamberg

Linkes Gewände des Hauptportals, Kämpferzone. Köpfe zwischen den Kapitellen und Reste von Figuren am Ansatz der Archivolten.

Eingang findet, und ebenso die Verbreitung dieser frühen Gotik in Neckarschwaben, Franken oder Thüringen. Eine besondere Bedeutung gewann die Halberstädter Baustelle in diesem Prozess dadurch, dass hier die Westfassade einer Domkirche errichtet wurde, bevor man in Magdeburg an die entsprechende Aufgabe gehen konnte. Vermutlich strebte das Domkapitel eine Turmfront und damit ein Bauwerk an, das den um 1240 schon weit gediehenen Magdeburger Ostteilen ebenbürtig erscheinen sollte. Von den zu gleicher Zeit entstehenden französischen Kathedralbauten hatte man sicher gewisse Vorstellungen; die technischen und organisatorischen Voraussetzungen, einen derartigen Bau aufzuführen, waren im mittleren und östlichen Deutschland aber noch nicht gegeben. 1239 war der Martinsdom in Mainz weitgehend fertiggestellt worden, und sicher sind von hier wie von der Marienkirche in Gelnhausen (1225-1240) Anregungen ausgegangen, vielleicht auch Arbeitskräfte gekommen: Bildungen wie der „polylobe" Bogen und die vollplastische Dreipassarkatur sprechen dafür, doch fehlt in Halberstadt die üppige figürliche Bauplastik, wie sie etwa von Gelnhausen her bekannt ist. Der mittelrheinischen Anregung ist vielleicht auch die Vermittlung eines Motivs zu danken, das die Fassade der Kathedrale von Laon weithin schmückt und auch die zentrale Rose der Stiftskirchenwestfront von Limburg an der Lahn überfängt, nämlich der über dem Radfenster aufgetreppte Rundbogenfries (bei der Katharinenkirche von Braunschweig ist gerade dieses Gebilde über einem kleinen axialen Spitzbogenfenster so kümmerlich geraten, dass es wiederum wie ein schwaches Echo auf Halberstadt erscheint). Schließlich verfügte der Werkmeister in Halberstadt auch über Bauformen, die bei nahegelegenen Bauten nicht geläufig sind – die Einfassung des Rundfensters durch gewirtelte Stäbe gehört dazu, die von der Westfassade der Zisterzienserkirche Otterberg her bekannt ist. Bauliche Beziehungen zu den Zisterzen von Walkenried und Riddagshausen liegen näher: so ist das Riddagshäuser Westportal in seiner eigenwilligen Ausformung möglicherweise für Halberstadt anregend gewesen. Dass Bauleute unterschiedlicher Schulung am Werk waren, scheint aus den Varianten der Bauzier, etwa der Vorhallen-Kapitelle, hervorzugehen, wobei die in der Hierarchie der Architektur besonders wichtigen Gewändesäulen mit den stilistisch entwickelten frühgotischen, weit ausgreifenden Knospenkapitellen versehen sind.

Große Figurenportale, wie sie die Dome von Straßburg und Bamberg oder die Stiftskirche von Freiberg in Sachsen schmücken, sind im vierten Jahrzehnt des 13. Jahrhunderts in Deutschland noch die Ausnahme. Die Bildersprache des Halberstädter Westportals ist auf wenige Figuren beschränkt, eine gleichsam verkürzte Weltgerichtsdarstellung gegenüber den großen Gerichtsportalen französischer Kathedralen. Abgebildet sind die Figuren des apokalyptischen Christus, die Evangelisten, auch Engel, so dass das architektonisch gegliederte Bogenfeld, die Bekrönung des Portals, wohl als Pforte des Himmels zu verstehen ist: vor dieser finden sich, als Köpfchen in den Archivolten, Männer und Frauen verschiedenen Standes (s. o.). Unterhalb dieser himmlischen Sphäre erheischt ein Löwe sorgfältige Aufmerksamkeit: Als Tierbild ein Nachfahre des Braunschweiger Löwen, vertritt er hier, gespannt schreitend und spähend, in seiner Gefräßigkeit das Böse. Diese Relieffigur wurde mit dem Bibelwort aus 1. Petr. 5,8 gedeutet („Seid nüchtern und wachet, denn Euer Widersacher der Teufel geht umher wie ein brüllender Löwe und sucht, welchen er verschlinge"). Nicht abwegig dürfte es auch sein, das Bildwerk im Bezug auf die Psalmworte „Hilf mir aus dem Rachen des Löwen" und damit als Ankündigung des Leidens Christi, das im Kircheninneren verbildlicht ist, zu verstehen. Eine große Scheibe mit einem nach links gewendeten, vermutlich aufgemalten Löwen war noch bis in das 19. Jh. vor den (wohl hölzernen) Fensterpfosten des großen Rundfensters angebracht gewesen. Kleine vollplastische Figuren am Ansatz der Archivolten sind bis auf eine weibliche Standfigur verwittert.

Betritt man das Innere des Domes, so gewahrt man zu den seitlichen Turmräumen führende Pforten, kleine, kräftig gegliederte Säulenportale (s. S. 39). Das südliche zeigt eine Kreuzgruppe im Bogenfeld, das

Die Gliederung der südlichen Turmhallenwand mit dem Portal im unteren Geschoss des Südturmes.

nördliche zählt mit seinem schön gezeichneten Rankentympanon zu einer großen Gruppe ähnlich geschmückter Portale, die von Braunschweig bis Magdeburg und Naumburg verbreitet sind. Über dem niedrigen Gewölbe der nachträglich eingebauten Orgelempore verbirgt sich die mächtige sechsteilige Rippenwölbung des Turmzwischenjoches, die der ersten Bauphase angehört. Auch das im Grundriss relativ schmale westliche Langhausjoch hat sich noch aus dem ersten Plan ergeben, indem die bereits angelegte Fundamentierung einer engeren Arkadenfolge genutzt wurde. Ob das zuerst geplante Langhaus aber einen zwei- oder dreizonigen Aufbau erhalten sollte, ist eine offene Frage. Die Bauten dieser Zeit kennen beide Lösungen (z. B. Magdeburg oder Arnstadt mit, Bamberg, Naumburg und auch Walkenried ohne Emporen). Für einen Emporenplan scheinen die niedrig angelegten Seitenschiffe zu sprechen. Um Emporen zu erschließen, dürfte man andererseits Zugänge von den Türmen her erwarten. Diese fehlen aber, und damit hat die zweizonige Aufrisslösung die größere Wahrscheinlichkeit für sich.

Die örtliche Überlieferung bezeichnet den gelehrten Dompropst Johannes Semeca als den Erbauer des gotischen Domes. Von nichtadliger Herkunft, muss Semeca über bedeutende Fähigkeiten verfügt haben,

Turmhalle. Pforten nach Norden und Süden (nach Hermes 1896).

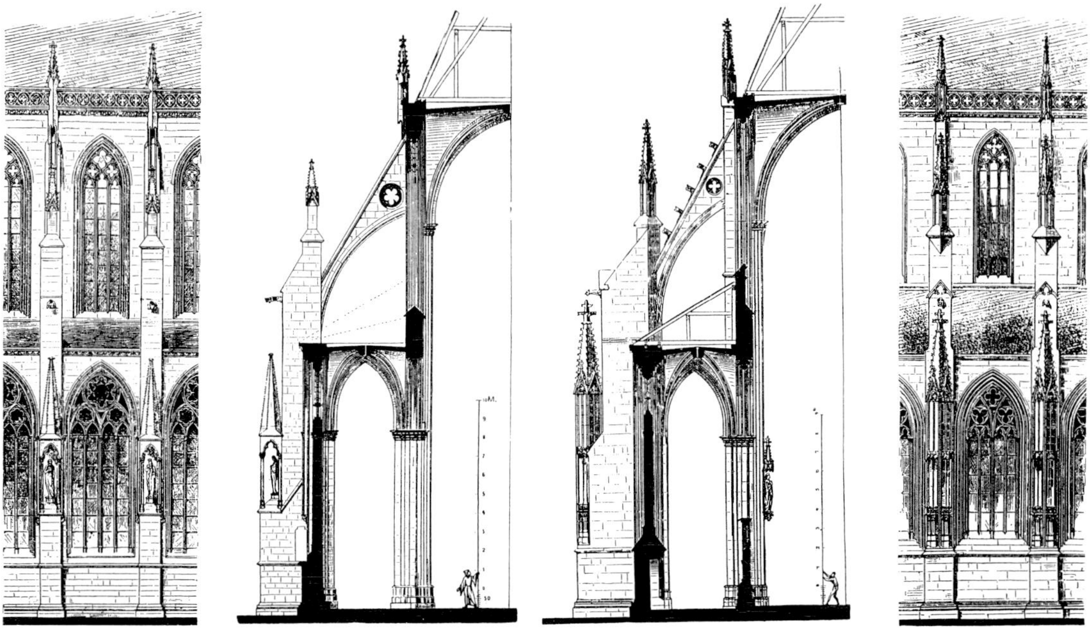

Ansichten und Schnitte der hochgotischen (links) und spätgotischen Joche (rechts) des Langhauses (nach Döring 1902).

Judenkopf (links, erkenntlich am Spitzhut) und Knabenkopf (rechts) zwischen den Mittelschiff-Gewölbediensten des ersten westlichen Langhausjoches, unterhalb des geplanten Gewölbes (1. Langhausplan).

um seine hohen Würden – Propst des Liebfrauenstifts 1233, Dekan des Domkapitels 1235, Propst 1241 – erlangen zu können. Als Dekan kam ihm die Oberaufsicht über die bauliche Beschaffenheit der Domgebäude zu, und so wird er von Amts wegen die erste Neubauplanung in die Wege geleitet und deren Richtung wohl auch beeinflusst haben. Der eigentlichen Bauverwaltung des Hochstifts standen später Vikare als „procuratores fabricae" vor. Die „Domfabrik" bestellte den Werkmeister und verwaltete die kaum kalkulierbare Finanzierung des Dombaues wie die übrige Bauunterhaltung. Dass Semecas Tod im Jahr 1245 eine Unterbrechung im Bauablauf nach sich gezogen hat, ist wahrscheinlich, denn nicht nur der Weiterbau der Kirche, sondern auch die Weiterführung des Kreuzgang-Neubaues und der Stiftsgebäude waren ins Stocken geraten. Nach dem Abbruch des alten Westwerks wurde mit der neuen Langhausfundamentierung an dessen Platz dann ein anderer Meister tätig.

Von mehreren, seit dem Jahr 1258 ergangenen Ablässen dürfte eine 1276 zugunsten des Neubaues erteilte Indulgenz noch in die Bauzeit der westlichen Langhausjoche fallen. Der zweite Baumeister wird den Auftrag erhalten haben, das Langhaus höher, als es bisher geplant war, aufzuführen. Der schön gegliederte Ostgiebel des Glockenhauses musste damit im Dachraum des Mittelschiffes verschwinden. Bei gleicher Breite des Baukörpers und eher schwächeren, mit großen Fenstern versehenen Mauern bedurfte es jetzt eines gotischen Stützsystems für die Wände, das am Außenbau als gewichtige Gliederung mit Strebepfeilern und Strebebögen in Erscheinung tritt (s. S. 12f., 40 u. 42f.).

Im Blick auf die Nordseite lässt sich dieser älteste Bauabschnitt des Langhauses mit seinen blockartigen, von Figurentabernakeln geschmückten Strebepfeilern gegenüber den später entstandenen Bauteilen leicht erkennen (s. S. 42). Nicht nur die First- und Traufhöhe, auch der Aufbau des gesamten Inneren war mit diesen drei Jochen für den gesamten Dom festgelegt. Diese Beschränkung des inneren Aufrisses auf die Arkaden- und Fensterzone, also der Verzicht auf das in der klassischen gotischen Kathedrale unter den Fenstern angeordnete Triforium, ist auch in der französischen Baukunst dieser Zeit bekannt. In der deutschen Architektur des 13. Jh. erscheint diese Reduktion z. B. im Langhaus des Freiburger Münsters als eine Vereinfachung des Aufrisssystems der Kathedrale von Straßburg. Anders als in Freiburg ist aber im Halberstädter Langhaus dank hoher Arkaden und sehr großer Obergadenfenster die Mauermasse der Mittelschiffswand erheblich vermindert. Der älteste Langhausmeister hat sich am Leitbild der damals entstehenden und schon bestehenden Kathedralen geschult: In der Bildung der Maßwerke mit seitlichen Kreispässen über Lanzettbahnen verarbeitet er die Grundformen der Fensterteilung der Kathedralen von Amiens und Metz und gibt sie weiter; auch der Kölner Dombau (ab 1248) muss ihm bekannt gewesen sein. Daneben sind auch konservative Merkmale dieser Architektur zu benennen: Für eine Orientierung an klassischen frühgotischen Bauten spricht die Verwendung monolithi-

Oben: Die ältesten Langhausjoche: das nördliche Seitenschiff im Anschluss an den Nordwestturm (Aufnahme 1979).

Unten: Standfigur einer königlichen Jungfrau, vom Tabernakel des 3. Strebepfeilers am nördlichen Seitenschiff.

Die Nordseite des Domes,
von der ehemaligen Dechanei her gesehen.

Das Portal am nördlichen Querhaus. Im Bogenfeld die Darstellung des Marientodes, in den Archivolten Sitz- und Halbfiguren von Sibyllen und Propheten (zumeist beschädigt).

Der Chor des Domes und die mit eigenem Giebeltürmchen versehene Marienkapelle, links das Südquerhaus. Das Kreuz auf dem Chordach erinnert an das Pestjahr 1683. Rechts im Bild das Gleimhaus.

Unten: Der südliche Chorumgang; im Chorschluss das Johannesfenster.

scher „junger“ Dienste an den Bündelpfeilern, und ähnlich schöpft die Form der Figurentabernakel aus der Tradition (vgl. die ähnlichen, wohl kurz zuvor entstandenen Strebepfeilertabernakel am Mindener Dom).

Dass der Halberstädter Meister die Tabernakel recht niedrig, nämlich in der Höhe der Seitenschiffsfenster anordnet (s. S. 41 o.), ist ungewöhnlich. Ursprünglich vorgesehene Durchgangsöffnungen in den Streben sind offenbar bald vermauert worden, wie sich überhaupt schon früh Bauschäden eingestellt haben, die auf mangelhafte Wasserableitung und treibenden Gipsmörtel zurückgehen. So war Ende des 20. Jh. der völlige Neuaufbau dieser Strebepfeiler unvermeidlich geworden, doch fehlen die Tabernakel bis heute. Zu der Bautruppe der 1270er Jahre zählten auch Bildhauer: Als Tabernakelfiguren haben sich ein König, eine gekrönte Jungfrau (s. S. 41 u.) und eine nicht näher bestimmbare Jünglingsfigur, die in der älteren Literatur als hl. Stephanus gilt, erhalten. Wo die im südlichen Querhaus und in der Marienkapelle (s. S. 47) aufgestellten, etwa gleichzeitigen Madonnenfiguren ursprünglich ihren Platz hatten, ist nicht bekannt.

Erst in den dreißiger Jahren des 14. Jh. konnte man an den Weiterbau denken. Dringlich erschien nunmehr der Neuaufbau des Chores. Um Baufreiheit zu erhal-

Der Kreuzhof im Blick nach Nordwesten. Vor dem Remtergebäude und dem Westflügel des Kreuzganges die Neuenstädter Kapelle, nach rechts der 1514 zum Neuen Kapitelsaal ausgebaute obere Kreuzgang, der wie ein Seitenschiff der Domkirche erscheint.

ten, wurde im Jahr 1354 die o. g. Ludgerikapelle am alten Nordquerhaus abgebrochen. Aus der betreffenden Urkunde geht hervor, dass der Bischof über diese Kapelle verfügte und ihr Steinmaterial dem Domkapitel für den Bau des neuen Chores (s. S. 12f., 44, 46, 59, 62) zur Verfügung stellte. Mit den Fundamenten der neuen Chorpfeiler wurde die alte Außenkrypta umschlossen (s. S. 34); der Vikar ihres Liebfrauenaltares hielt von 1362 an Messe in der neuen, ganz im Osten gelegenen Chorscheitelkapelle. Nach langer Bauzeit wurde der Chor schließlich im Jahr 1400 fertiggestellt. Für einen Kathedralchor ist es ungewöhnlich, dass der Umgang ohne den Kranz der Kapellen, doch mit einer gotischen Aufrisssystems, wie es die westlichen Joche vorgebildet hatten, ging der Baumeister von einem Chor mit Umgangskapellen aus (s. u.). Mit seiner Entscheidung, den Chorschluss im Obergaden und Umgang in gleichem Verhältnis, nämlich in fünf Seiten des Achtecks, zu brechen, entstanden für das Bild des Äußeren überaus große, sechsbahnige Umgangsfenster seitlich der Achse, eingefasst von flächigem Mauerwerk, wie es die älteren hochgotischen Joche nicht zeigen. Der Kontrast zur dicht gegliederten Scheitelkapelle bewirkt eine malerische Erscheinung der Choransicht, die bereits als spätgotisch begriffen werden kann.

Links: Der nördliche Chorumgang im Blick nach Osten zum Christusfenster im Chorschluss; links die Nischenkapellen der Nebenaltäre, rechts die nördliche Chorschranke. – Rechts: Der Blick aus dem südlichen Chorumgang in das Querhaus und das Südseitenschiff.

Scheitelkapelle gebaut wurde. Sicher hat die besondere Lage jenes alten Kryptenraumes Einfluss auf die architektonische Hervorhebung der neuen Marienkapelle gehabt. Es handelt sich mit dieser Raumverbindung auch nicht um eine völlige Neuerung, denn sie ist in einigen französischen bzw. burgundischen Kirchen (z. B. der Kathedrale in Auxerre) gewissermaßen vorgebildet. Vor allem bewegen sich in der 1. Hälfte des 14. Jahrhunderts auch ganz verschiedenartige, vom Umgangschor mit Kapellenkranz ausgehende Entwicklungen in Deutschland zu Lösungen hin, die als Basilika oder Hallenchor den Umgang ohne Kapellen (bzw. mit außenseitig unsichtbaren Kapellen) ausbilden. Der Halberstädter Chor steht inmitten dieser Neuerungen. Im Anschluss an das Prinzip des hoch-

Diese Marienkapelle (s. S. 44 u. 47) ist kein ganz eigenständiger Bau gewesen, auch wenn sie, ungewöhnlich genug, einen eigenen Westgiebel und einen steinernen Dachreiter für eine kleine Glocke (1465 belegt) besitzt – in diesen Eigenschaften scheint sich die oben berührte besondere Funktion dieser Kapelle zu spiegeln. Im Inneren öffnet sich der Chorumgang zu dieser Kapelle in hohem Bogen – sein verändertes Profil zeigt eine Unterbrechung im Bauablauf an. Die Gewölbedienste gehen unmittelbar in die Rippen über, und dieses Detail ist als eine zur Bauzeit gerade am Kölner Dom (Südturm) vorgebildete, wegweisende Bauform hervorzuheben. Zur eleganten Erscheinung dieses Raumes trägt wesentlich bei, dass die Kappen zunächst nur in der Breite der Rippen aufgemauert

Die Marienkapelle am Chorumgang mit der ältesten erhaltenen Glasmalerei des Domes. Unter den Baldachinen die Figuren zweier Apostel, im Polygon eine Anbetung der hll. drei Könige.

Aus dem Achsfenster der Marienkapelle, Mitte 14. Jh. (4. - 6. Zeile): Leben Christi. In der 5. Zeile die Darstellung im Tempel – die Flucht nach Ägypten und die Taufe Christi neu von 1857 –, eingefasst von Propheten und alttestamentlichen Königen.

sind. Im Polygon werden die Dienste von einer Figurengruppe unterbrochen, einer Anbetung der hl. Drei Könige. Von diesen Statuen lässt vor allem der jüngste der Könige in seinem körperbetonenden Gewand eine neue figürliche Schulung, wie sie mit dem Namen der „Parler" aus der Zeit um 1360/70 verknüpft ist, erkennen. Wenig jünger dürften die feingliedrigen steinernen Leuchterengel am Eingangsbogen der Kapelle sein. Die noch hochgotisch wirkende Farbverglasung dieser Kapelle ist die älteste erhaltene Glasmalerei im Dom. Sie setzt den hohen Raum zumeist in ein dämmriges Licht. Im Achsfenster wird in einem christologischen Zyklus die Lebensgeschichte Jesu den Propheten und alttestamentlichen Königen als Vorfahren Christi gegenübergestellt. Engelschöre, Apostel und Tugenden im Nordostfenster, Kluge und Törichte Jungfrauen, Ekklesia und Synagoge im Südostfenster führen die theologische, auf Maria

Aus dem Südostfenster der Marienkapelle; 4. Zeile (unten): Joseph mit seinen Brüdern (1897), Untergang Sodoms (?), Lots Weib vor Sodom (1897). 5. Zeile (darüber): Kluge Jungfrau, Samson als Löwenbezwinger, Törichte Jungfrau. 6. Zeile (oben): Durchzug durch das Rote Meer (1897), König Salomo als Richter, der Untergang des Pharao (1897).

bezogene Ausdeutung dieses Raumes fort. Allein eine Figur ist doppelt so groß wie die übrigen altertümlich-kleinen Scheiben: eine Madonna mit Kind, deren Baldachin bis in das Fenstermaßwerk reicht (im Südostfenster) – auf gleicher Höhe mit diesem kindlichen Christus ist im Achsfenster das Bild der Kreuzigungsgruppe, der gekreuzigte Christus, zu sehen. Zur alten Ausstattung der Kapelle gehört das große Hochrelief einer Anbetung des Kindes von 1517 wie auch die Altartafel der Madonna mit der Korallenkette im Domschatz, nicht aber der jetzt hier aufgestellte kleine Altarschrein aus dem späten 15. Jahrhundert.

Mit dem Chor zusammen entstand auch die hohe steinerne Schranke, die das Sanktuarium, den Raum von Hochaltar und Domherrengestühl, rings umschließt. Ihre Front zur Vierung hin, mit den beiden Pforten zu Seiten des Kreuzaltars, ist von der jüngeren, spätgotischen Lettnerhalle verdeckt (s. S. 50f.). Weitere Zugänge in den hohen Chor öffnen sich vom Umgang aus, indem die schön gegliederten und von einer Maßwerkbrüstung abgeschlossenen Chorschranken von jeweils einem Portal durchbrochen sind. Diese Pforten erscheinen als höchst eigenwillige Versuche, Elemente hochgotischer Fassadenarchitektur zu variieren und damit zugleich der unterschiedlichen Funktion dieser Eingänge zu entsprechen: Beide Portale sind dem Gleichmaß der Schrankenarchitektur entgegengesetzt. Ihre Türflügel, auf rotgrundigem Pergamentüberzug fein bemalt, befinden sich in der Domsammlung, in den Schranken sind sie durch Kopien des späten 19. Jh. ersetzt. Die eine Tür zeigt die Dompatrone Stephanus und Sixtus (s. S. 58 o.), die andere innenseitig die Verkündigung, außen in ähnlicher Anordnung den modisch gekleideten Kaiser Karl d. Gr. und einen Engel, der diesen als „heiligen König Karl, Beherrscher *(triumphator)* der Welt" grüßt. Die Wahl des Königs-, nicht des Kaiser-Titels für den Gründer des Bistums könnte von der entsprechenden Bezeichnung auf dem berühmten spätromanischen Karlsteppich (s. S. 73) herrühren, und vielleicht ebenso die (auf den Südtüren nicht erscheinenden) Disputanten, die von keiner Beischrift näher erklärt werden.

Die Fensterwand des Chorumgangs ist unterhalb der Sohlbänke jochweise mit tiefen Nischen gegliedert (s. S. 44 u. 46). Im nördlichen Chorumgang gehört zu jeder dieser wandtiefen Nischen ein Nebenaltar, womit sich diese architektonische Form als Umprägung des alten Kapellenkranzes erklärt. Aber nicht nur hier, sondern in jedem Joch des Langhauses standen noch in der 1. Hälfte des 19. Jahrhunderts Nebenaltäre, deren spätgotische Retabel heute einen Teil des Domschatzes bilden. Diesen gemalten und geschnitzten Altären gingen sicher kleine steinerne Retabel voraus. Eines, in der Mitte des 15. Jahrhunderts entstanden, hat sich auf dem Altar in einer Kapelle am südlichen Seitenschiff – heute ein Durchgangsraum zum Kreuzgang – erhalten.

Der aufmerksame Betrachter erkennt an den Einzelformen der Außenarchitektur, dass die östlichen Langhausjoche und das Querhaus zuletzt entstanden sind; hingewiesen sei hier nur auf die gegenüber dem Chor schlankere Bildung der Strebepfeiler und -bögen und die mehr dekorative Behandlung ihrer Oberfläche (s. S. 13, 40, 42 u. 45). Andererseits wurde die Einheitlichkeit der Gesamterscheinung mit Elementen wie der Traufgalerie oder dem Fenstermaßwerk, im Inneren mit der Beibehaltung des zweizonigen Aufrisses oder der einfachen Kreuzrippenwölbung des Mittelschiffs fortgeführt. Mit den genannten Bauteilen war der Dom im wesentlichen vollendet und die westlichen Langhausjoche aus dem 13. mit den Chorteilen des 14. Jahrhunderts verbunden. Datiert sind hier die nördlichen Langhauspfeiler (1442, 1444), bis zu deren Errichtung der frühromanische Dombau in Teilen noch gestanden hatte (s. S. 34). Im Langhaus war, wie die großen Steinkonsolen in der Hochschiffwand zeigen (s. S. 54),

Links: Das Chorportal in der nördlichen Schranke. Die Bemalung der originalen Türflügel in der Aufnahme von 1979 zeigt zum Chorumgang hin noch das Bild des hl. Kaisers Karl (des Großen), von einem Engel verehrt. Rechts: Die Lettnerhalle vor der inneren Chorschranke; Blick nach Nordosten.

Die westliche Chorschranke mit der spätgotischen Lettnerhalle, darüber die Triumphkreuzgruppe aus dem alten Dom. Am nordöstlichen Vierungspfeiler die Statue des hl. Laurentius, am südwestlichen Vierungspfeiler (hier am rechten Bildrand) die Figur des hl. Erasmus.

zunächst eine Zwischendecke oder Arbeitsbühne eingezogen worden, über der die abschließenden Bauarbeiten vorgenommen werden konnten. Das war insbesondere die noch fehlende Einwölbung: der jüngste datierte Mittelschiffs-Schlussstein gibt die Jahreszahl 1486 an. Die Wahl von Stern- und Netzgewölben für die Seitenschiffe (s. S. 52) bezeugt eine Vorliebe für dekorative Lösungen, wie sie für die Mitte des 15.

Die Südseite des Chores, Südquerhaus und östliche Langhausjoche im Blick aus dem Kreuzhof. An das Querhaus westlich anschließend der Neue Kapitelsaal, erkennbar an dem betont einfachen Fenstermaßwerk, links im Bild der Chorschluss der Neuenstädter Kapelle.

Jahrhunderts kennzeichnend ist und die auch die prächtige Wölbung des anschließend fertiggestellten Querhauses bestimmt.

Auf der Kreuzhofseite war mit dem Langhausbau der alte, bislang zweischiffige Kreuzgangnordflügel auf seine halbe Breite verengt worden (s. S. 34, 45, 52 u. 86). Mit dem verlängerten, über den Kreuzgang hinweggebauten Querhausarm ergab sich nunmehr eine für die Außenansicht vollkommene Lösung: Beherrschendes Motiv dieser Querhausfront ist das riesenhafte, in sechs Bahnen gegliederte und wegen seiner besonderen Höhe durch einen Flachbogen zusätzlich quergeteilte Fenster (s. Abb. links). Sein mit gerundeten Fischblasen spielendes Maßwerk und die spätgotischen Zierformen der Strebepfeiler stehen in auffälligem Gegensatz zu dem „hochgotischen" Dreistrahlmotiv des Blendmaßwerks im Giebeldreieck. Die Fassade des Nordquerhauses (s. S. 42) ist dagegen komplizierter aufgebaut. Hier, gegenüber der ehemaligen Domdechanei, liegt der zweitwichtigste Zugang zur Kirche.

Das große Portal (s. S. 43) ist mit seiner Spitze in das Blendnischensystem der Wand darüber geführt, und seine Kreuzblume verdeckt den Ansatz des Kreuzesstammes einer monumentalen Kreuzgruppe. Das reich umrahmte Fenster erscheint um zwei Drittel gekürzt, und damit gibt die blendengegliederte Wand darunter den Grund für jenes „grünende" Kreuz auf dem – dasselbe gleichsam tragenden – Portal und für dessen geplante Figuren ab. Wenig höher als die an den Strebepfeilerfronten vorgesehenen Figuren angeordnet, scheint dieser unausgeführt gebliebenen Querhaus-Kreuzgruppe eine besondere und vielleicht auf die Triumphkreuzgruppe im Inneren vorbereitende Wirkung zugedacht gewesen zu sein. Das Portal selbst, seit langer Zeit schon beschädigt, ist mit Bildwerken reichlich geschmückt: das Bogenfeld mit einem Relief des Marientodes, die Archivolten mit Sitzfiguren, die Sibyllen und Propheten darstellen. Die flachen seitlichen Nischen zeigen die Martyrien der Titelheiligen des Domes. Es gehört zu den Eigenheiten dieser im 2. Viertel des 15. Jh. entstandenen Portalarchitektur, dass manche Einzelheit des herkömmlichen Formenschatzes unvermittelt in neuem Zusammenhang erscheint: die seitlichen, in der Wand halb verborgenen Fialen mit Baldachinen für Statuen, die eigent-

Links: Die Rippensterne der Vierungs- und Querhauswölbung (Süden: rechts).

Die Vierung mit der Lettnerhalle (rechts), im Nordquerhaus die Empore mit der Figurengruppe des Paradiesbaumes; links am nordwestlichen Vierungspfeiler die Figuren der hll. Georg und Sebastian.

Die Statue Karls des Großen, des Gründers des Bistums, über dem Mittelpfeiler der südlichen Querhausempore; Stiftung des Stiftshauptmanns Siegfried von Hoym (?).

lich keinen Platz finden können, die Kapitelle über den Hohlkehlen des Portalgewändes, die scheinbar für eingestellte Säulen bestimmt sind, das abrupt sich ändernde Rahmungsprofil des Bogenfeldes.

Die Verwandtschaft dieser Querhausarchitektur, z. B. in der Form des Fenstermaßwerks, mit Einzelheiten vom „Doppelturmplan" des Regensburger Domes (um 1400), ist schon lange erkannt worden. Statt der vielgliedrigen Strukturierung der Turmwände dort ist aber in Halberstadt das Gegeneinandersetzen unterteilter Bauglieder zu ungegliederten Flächen getreten. Fragen wir nach dem praktischen Anlass, der die ungewöhnliche Bildung beider Querhausarme verlangt hat, so ist auf die Emporen im Inneren zu verweisen. Querhausemporen (s. Abb. oben) sind in gotischen Bauten nahezu unbekannt, und daher sind für deren Bau hier triftige Gründe vorauszusetzen. Wo die 1361 vollendete oder vergrößerte Orgel angebracht war, ist nicht mehr bekannt. Die in spätmittelalterlicher Zeit gewöhnliche Anordnung eines Orgelwerks über den Mittelschiffs- oder Chorarkaden scheint hier in der Mitte des 15. Jh. zugunsten der Emporenaufstellung im Nordquerhaus verworfen worden zu sein. Auch die Empore im Südquerhausarm diente – jedenfalls in nachmittelalterlicher Zeit – der Kirchenmusik (1753: Schülerchor). Wie die Nordempore ist sie bis zur Flucht der Seitenschiffswände vorgezogen und damit zugleich tiefer als jene. Beidseits durch Treppen erschlossen, verbindet sie zwischen dem Dom und den im Süden anschließenden Obergeschossräumen, mittels eines neueren Zugangs auch mit der alten Schatzkammer, dem Zither. Für die Emporen sind Altäre überliefert, zwei für die Südempore, einer für die Nordempore. Das entspricht genau der Asymmetrie des Querhauses, so dass diese Nachricht von 1817/19 den mittelalterlichen Zustand noch spiegeln dürfte. Da nächst dem Sanktuarium und der Marienkapelle die Vierung mit dem Kreuzaltar einen besonderen Platz in der Rangfolge des Kirchenbaues einnahm, ist nach den Patrozinien der Querhausemporen zu fragen. Einer der Altäre auf der Südempore wird Karl dem Großen gewidmet gewesen sein (1475: *supra novam capellam in parte australi circa et supra ambitum*; über der neuen Kapelle im südlichen Teil der Kirche, nahe bei und über dem Umgang). Das in dieser Zeit entstandene große Sandsteinbild des in Halberstadt hochverehrten Kaisers steht zwischen den Bögen der Südempore denn auch in unmittelbarer Nähe dieses Altars (s. Abb. S. 53). Auf der Gegenseite, wohl unter der Empore, hatte der Schutzheilige des deutschen Reiches, der hl. Mauritius, seinen Altar wieder errichtet bekommen (1480).

Das Innere des Langhauses nach Osten zur Vierung und zum Hohen Chor. Vorn der Marmortaufstein aus dem alten Dom. Sein dreistufiger Sockel wurde für die Neuaufstellung im gotischen Langhaus hergestellt.

Das Langhaus im Blick zur Westempore und der Orgel; am nordwestlichen Vierungspfeiler die Figur des hl. Sebastian, gegenüber der Kanzel die Figur des hl. Mauritius.

Von besonderem Interesse ist der Bezug von Vierung und Emporen zum „Adamsspiel", das offenbar schon im alten Dom aufgeführt wurde (1383 belegt). Die päpstliche Bestätigung dieses Fastenspiels (1401) war noch lange Zeit in der Vierung am südwestlichen Pfeiler öffentlich ausgehängt gewesen. Ein Text ist nicht erhalten, und diese geistliche Aufführung wirkte wohl auch zunächst durch bedeutungsvolles Handeln: Nach der schriftlichen Überlieferung wurde ein Einwohner, als „Adam" der reuige Sünder, am Aschermittwoch vom Bischof aus dem „Paradies", der Kirche, vertrieben, um am Gründonnerstag, nach sechs Wochen öffentlicher Buße, wieder in die Gemeinschaft der Kirche aufgenommen zu werden. Der Sitz des Adam, einem Pranger gleich, ist dem Mittelpfeiler der Südquerhausempore angearbeitet. Hier hat sich also der erste Höhepunkt des Spiels, die Vertreibung des

Adam unter dem Triumphkreuz, den sündigen, durch das Opfer des Gottessohns zu neuem Leben erweckten Menschen verkörpernd (vgl. Abb. S. 57).

Sünders, abgespielt. Der Darstellung von Buße und Lossprechung geht eigentlich die Verstrickung des Menschen in seine Schuld, der Sündenfall, voraus. Dieses Thema wird gegenüber vom Adamssitz, an der Front der Nordempore, von einer monumentalen Gruppe von Bildwerken vorgestellt: Adam und Eva neben dem Baum der Erkenntnis, über dem, in einem kleinen Gehäuse, Gottvater erscheint. Die etwas ungelenken Figuren der Zeit um 1470 (Stiftung des Propstes Heinrich Garwyn, 1463-74) lassen leicht übersehen, mit welchem Ernst hier der Bericht von der Erbsünde in Bilder umgesetzt ist. Zuletzt ist zu bedenken, dass zu dieser Zeit, im 3. Viertel des 15. Jh., die reich dekorierte Lettnervorhalle noch nicht stand und damit umsomehr die Wiederaufnahme des Sünders in die Kirche, die Lossprechung Adams, einen übermächtigen Ausdruck in der großen Triumphkreuzgruppe (s. u.) finden konnte.

Ein großer Teil der baugebundenen Ausstattung des Domes, so die mittelalterlichen Bildfenster und die Skulpturengruppen als kostbare Zeugnisse der spätmittelalterlichen Kunst, ist noch an Ort und Stelle zu sehen. Die über der Lettnerhalle von 1510 stehende Triumphkreuzgruppe ist das bedeutendste Kunstwerk, das aus dem alten Dom in den Neubau übernommen worden ist. Sicher konnte die Monumentalität ihrer Erscheinung, die Körperlichkeit der Figuren auch zur Zeit der Chorvollendung, um 1400, gewürdigt werden. Wichtiger noch: Indem die Kreuzgruppe weitgehend unverändert in den Neubau übertragen wurde, wurde die alte Kennzeichnung des Choreingangs, geistliche Botschaft zu den Laien im Kirchenschiff hin, beibehalten. Im Vorgängerbau war der Trägerbalken freilich in geringerer Höhe angebracht – man wird für den niedrigeren Raum die überwältigende Wirkung der überlebensgroßen, farbig und vor allem gold gefassten Figuren kaum überschätzen können. Die Gruppe der fünf Hauptfiguren ist von großer, stiller Feierlichkeit. Christus hat, im Sterben das Haupt neigend, den Tod überwunden, und so steht er auf dem Abbild eines Untiers. In einfachen, starken Gesten der Trauer finden sich Maria und der Evangelist Johannes, jugendliche Gestalten von großer Schönheit, unter dem Kreuz und – unter ihren Füßen – Verkörperungen von Sünde und Schuld. Das Heilsgeschehen, wie es im Kreuzestod Christi wirkt, wird schließlich in der Gestalt des Adam deutlich: der Mensch, mit dem die Sünde in die Welt getreten ist, wird durch Christi Gerechtigkeit gerechtfertigt (vgl. Römer 5, 12-19): Adam erwacht zu neuem Leben und findet unter dem grünen Kreuzesholz, dem Baum des Lebens, aus seiner Gruft. Geheimnisvoll schweben als ernste Zeugen des Heilsgeschehens zwei himmlische Wesen neben der Hauptgruppe, Seraphim oder Cherubim, Diener der Herrlichkeit Gottes, in deren Flügelrauschen die Stimme Gottes vernehmlich wird (Hesekiel 10, 5). – Die großen Triumphkreuzgruppen in Freiberg, in Wechselburg und Naumburg kennen diese Begleitung der Hauptfiguren nicht, und nur selten sind Seraphim- oder Cherubfiguren aus dieser Zeit erhalten (unterlebensgroß in Köln, Schnütgen-Museum; als Vorbild wurde auf das 1194 aufgerichtete frühere Triumphkreuz der Stiftskirche St. Blasius in Braunschweig verwiesen). Ist die zumeist anerkannte Datierung des Halberstädter Kreuzes in die Zeit der Domweihe von 1220 zutreffend, so erscheint weniger die im byzantinischen Kunstkreis verankerte Haltung, die Körper- und Gewandbildung der großen Figuren, als vielmehr der Ausdruck der Nebenfiguren stilgeschichtlich von besonderer Bedeutung: Insbesondere in der Figur des Adam ist ein reifes frühgotisches Werk „westlicher" Prägung zu sehen. Dabei weist die divergente Stilhaltung auch dieses Werkes darauf hin, dass der führende Meister sich nicht nur unterschiedlicher Ausdrucksweisen zu bedienen wusste, sondern diese auch im Blick auf das Einzelbildwerk sehr bewusst eingesetzt hat. In der Zeit um 1460 wurde dem theologischen Bild des Triumphkreuzes die Darstellung der historischen Kreuzigung Jesu vorangestellt: das große Alabasterrelief des Kalvarienberges (s. S. 80) im Domschatz bildete noch im frühen 19. Jh. das Retabel des „kleinen" Altars am Ostende des Mittelschiffs.

Die Triumphkreuzgruppe. Christus am Kreuz über dem auferstehenden Adam, das Kreuz von fünf Engeln gehalten. Unter dem Kreuz Maria und der Jünger Johannes d. Ev., daneben zwei Cherubim. Am Tragbalken des Kreuzes Halbfiguren der Apostel unter Baldachinen.

Nach alter kirchlicher und auch örtlicher Tradition steht der Taufstein im Westen, am Beginn des Weges zum Hochaltar. In Gestalt eines romanischen Kelches erhebt sich das marmorne, auf vier dienstbaren Löwen ruhende Taufbecken denkmalhaft über dreistufigem Unterbau (s. S. 54). Diese Erhöhung stammt wohl aus der Zeit der Neuaufstellung nach dem Bau der Westjoche, denn auch dieses Werk wurde aus dem alten Dom übertragen, und seine Größe, die edle Form sowie das kostbare Material beweisen, dass es sich bei der Taufe um den von Bischof Gardolf (1193-1201) gestifteten Taufstein („poliert, von auserlesenem Marmor") handelt. Von den zwei bronzenen Taufen, die sich noch im Dom finden, wurde die ältere (im unteren Remter) mit dem kleinen spätromanischen Medaillon der Mutter Gottes bereits genannt. Bekannter ist die große Fünte auf der Empore im südlichen Querhaus (s. S. 80), die einer weiteren in der Martinikirche aufs engste verwandt ist.

Auf dem Hochaltar steht ein gemalter Flügelaltar mit figurenreicher Kreuzigung, ein Altarretabel des späten 15. Jh., das zu einem der Nebenaltäre gehörte und hier erst seit einer Generation Aufstellung gefunden hat. Der ursprüngliche Altaraufsatz wurde aus dem Dom verbannt, als der preußische König Friedrich Wilhelm III. seiner Fürsorgepflicht für diese Kirche mit der Stiftung eines neuen Altarbildes genügen wollte. Mit jenem Aufsatz handelte es sich um den großen Eichenholzschrein, der heute im Domschatz aufgestellt ist: ein mächtiger, völlig mit Eisenblech beschlagener Kasten, der zur Aufnahme von Reliquiaren diente und der damit noch auf die Anfänge der Altarretabel als Behältnissen zur Auf- und Ausstellung von Reliquien verweist (s. S. 68). Seine Grundform ist die eines spätgotischen Altarschreins. Geöffnet zeigten seine Klappen auf Leinwand gemalte Standfiguren der Dompatrone Sixtus und Stephanus und deren Martyrien. Vermutlich datiert diese Tüchleinmalerei das ganze Gehäuse, mit dem im frühen 16. Jh. die festtägliche Aussetzung der Reliquiare auf dem Hochaltar in eine dauerhafte Aufbewahrung zur gelegentlichen Weisung umgewandelt worden ist. Eine Bekleidung des schmucklosen Kastens mit kostbaren Textilien ist noch für das 18. Jh. überliefert.

Oben: Der Hohe Chor nach Westen, mit dem Chorgestühl und der Rückwand der Chorschranke, darüber die Chorseite des Triumphkreuzes. An den Pfeilern die Statuen der Apostel Matthäus, Thomas, Simon, Judas Thaddäus, Bartholomäus und Johannes (v. l. n. r.). Die Pforte in der südlichen Chorschranke mit freier Kopie der Originalbemalung (1895).

Unten links: Chorgestühl der Südseite. Wangen-Bekrönungen am Durchgang der vorderen Reihe.

In der westlichen Hälfte des Chores ist das Gestühl für die 22 Domherren und die Vikare in der üblichen Weise, nämlich zweireihig und zweigeteilt, mit beidseitig 32 Sitzen angeordnet. Diese zweichörige Sitzordnung mit dem Chor des Propstes auf der einen, dem Chor des Dekans auf der anderen Seite folgt altem benediktinischen Muster. Dabei war in spätmittelalterlicher Zeit die Residenzpflicht der Domherren längst aufgehoben; nur zu den vier, später zwei Generalkapiteln im Jahr dürfte das Chorgestühl besetzt gewesen sein. Ein besonderer Schmuck dieses Gestühls sind die virtuos geschnitzten scheibenähnlichen Aufsätze der seitlichen Wangen, die aus der gotischen Kreuzblume entwickelt sein mögen. Alte Photos zeigen noch die romanischen Bildteppiche als Behang der Gestühlsrückwände. Es muss offenbleiben, ob die Rückwände schon in mittelalterlicher Zeit in dieser Weise bebildert waren – das Vorhandensein des Dorsale selbst

Das Innere des Hohen Chores im Blick zum Hochaltar.
An den Pfeilern die Standbilder der Apostel Johannes, Andreas, Jakobus d. Ä., Petrus (links), an den östlichen Pfeilern die Stiftspatrone Stephanus und Sixtus, dann die Apostel Paulus, Jakobus d. J., Philippus und Matthäus.
Die Fenster im Obergaden mit Glasmalerei der Erbauungszeit des frühen 15. Jh.

spricht eher dagegen. Gesichert ist die alte Aufhängung von Bildteppichen im Sanktuarium, um den Hochaltar herum, wie es in manchen Kirchen bis heute üblich ist. Die unter dem Sims der Chorschranken angebrachten, ornamental bemalten Leisten, an denen noch 1833 der Marienteppich hing, sind noch erhalten.

Aus dem sechsbahnigen Christusfenster (Passionsfenster), im nordöstlichen Chorumgang: 1. (untere) Zeile, 1897: Versuchung Christi, Vertreibung der Wechsler, Verklärung, Auferweckung des Lazarus. – 2. Zeile, um 1390: Einzug in Jerusalem, Abendmahl, Gefangennahme, Christus vor Pilatus.

Neben den schon genannten Bildfenstern der Marienkapelle hat sich ein Gutteil der mittelalterlichen Verglasung des Chores in den Fenstern des Chorumgangs erhalten. Im Obergaden des Chores sind nur noch das Achsfenster mit einer monumentalen Kreuzigung und die Fenster seitlich davon altverglast (im Nordostfenster die Martyrien der Bistumspatrone). In der vorzüglichen Zeichnung der Kreuzigung und der Prophetenreihe darunter kommt einer der gro-

Links:
Zwei Standleuchter auf den Chorstufen, ihre Sockel mit Teppichteilen verkleidet. Zeichnung von Adolf Menzel, 1850 (Skizzenbuch; Berlin, Kupferstichkabinett). Die Leuchter stehen heute in der Marienkapelle und im Hohen Chor.

Rechts:
Großer Standleuchter auf Löwenfüßen, im Hohen Chor, am Sockel seitlich die Figuren der hll. Stephanus und Karl d. Gr., um 1400.

Aus dem Johannesfenster im südöstlichen Chorumgang („Grünes Fenster", um 1400, 1. und 2. Zeile): Johannes d. Ev. schreibt das Buch der Geheimen Offenbarung auf der Insel Patmos und kommt danach in die Stadt Ephesus, wo er die verstorbene Drusiana zum Leben erweckt.

ßen Glasmaler des frühen 15. Jh. zu Wort; seine Werkstatt war bald darauf in den Domen von Havelberg und Stendal tätig. Die Chorumgangsfenster sind für Nahsicht gedacht und daher in ihren Bildformaten klein gehalten. Vom Nordquerhaus abgeschritten, beginnt die Bildfolge mit dem Gesetzesfenster, mit dem Fenster der Patriarchen und dem der Propheten. Es folgt ein Fenster mit Szenen des Marienlebens, danach werden im zweiten und ersten, dem sechsbahnigen Fenster vor der Marienkapelle, Szenen zum Leben und Leiden Christi erzählt. Die Themenfolge ist nicht zuletzt ein Ergebnis wiederherstellend-interpretierender Eingriffe des späten 19. Jh. im Sinn einer geschichtlichen, biblisch vorgezeichneten Abfolge. Auch bei dem auf die Scheitelkapelle folgenden ersten südlichen Umgangsfenster ist die besondere Zeilenbreite von sechs Bahnen genutzt: In diesem von Angehörigen der ritterlichen Familie von Hoym gestifteten Fenster wird das Leben Johannes des Evangelisten ausführlich geschildert; das Fenster ist wegen seiner heute vorherrschend erscheinenden Farbe, einem Smaragdgrün, bekannt. Die folgenden (fragmentarisch bestückten) Fenster beziehen sich offenbar mit den hll. Stephanus, Dionysius, Martin und Karl auf die fränkische Mission und damit auf die Anfänge von Diözese und Kathedrale. Um 1960 hat Charles Crodel in der Marienkapelle und im südlichen Chorumgang einige fehlende Scheiben ergänzt – diese Arbeiten sind bisher die jüngsten Kunstwerke im Dom geblieben. Geplant ist derzeit die farbige Neuverglasung des großen Südquerhaus-Fensters nach einem Entwurf von Günter Grohs (2005).

Ein Skulpturenzyklus, genau über der Höhe der Chorschranken angebracht, umgibt den gesamten inneren Chor. Alter Ausdeutung entsprechend verkörpern die den Pfeilern vorgestellten Apostel die Stützen des Kirchengebäudes. Die Apostelreihe ist (wie übrigens auch im Kölner Dom) an wichtigster Stelle erweitert: den Platz östlich vom Altar nehmen die hll. Stephanus und Sixtus, die Titelheiligen des Domes, ein. Ihre „Rangerhöhung" in den Kreis der Apostel darf wohl im Sinn einer (vom Hochstift erhofften) besonderen Fürbitte, der Empfehlung „ihres" Stiftes an die göttliche Allmacht, verstanden werden. Konsolen und Baldachine sind einheitlich mit den Pfeilern geschaffen, die Figuren selbst aber erst in den Jahrzehnten vor und nach der Mitte des 15. Jh. ausgeführt: Die datierte Statue des hl. Andreas von 1427 (östlich der Nordpforte) zählt zu den ältesten der Reihe. Von großer Ausdruckskraft sind insbesondere die Statuen von Petrus (Abb. S. 62) und

Die Statue des hl. Petrus im päpstlichen Ornat, am ersten Chorpfeiler. – Sakramentsschrank und Adlerpult im Sanktuarium, rechts der Hochaltar. Unter dem Gesims der Chorschranke Holzleisten für die Anbringung der Teppiche; an den Pfeilern die Figuren der Apostel Jakobus d. Ä. und Petrus.

Sixtus im Chorschluss. Sie zählen zum Besten, was die deutsche Bildhauerei um 1430 geschaffen hat. Die jüngeren, um 1460 und später gearbeiteten Figuren zur Lettnerbühne hin sind als Zeugnisse des noch tastenden Übergangs zur letzten großen Phase der Spätgotik von Interesse (vgl. auch die Karlsfigur an der Südempore, S. 53).

Die Folge der Pfeilerfiguren setzt sich im Vierungsbereich fort (s. S. 55), und wie schon im Chor, so geben auch hier vereinzelte Stifterwappen und Jahreszahlen näheren Aufschluss über die Entstehungszeit. Neben den beiden Schutzheiligen des Domes waren der hl. Laurentius und Maria Magdalena hier besonders verehrt; 1514 wurden beide auch auf neu gestifteten Glocken angerufen. Ihre Standbilder an den östlichen Vierungspfeilern nehmen den besten Platz außerhalb des Chores ein. Gegenüber folgen die herbe Figur des hl. Hieronymus und der hl. Georg – ohne erkennbare Mühe besiegt dieser den gräulichen Drachen (1487, am nordöstlichen Vierungspfeiler). Am südwestlichen Vierungspfeiler zählt der hl. Erasmus (dat. 1509) zu einer Gruppe von Bildwerken, die ein bei Tilman Riemenschneider geschulter Meister geschaffen haben wird. Am 1. Langhauspfeiler der Nordreihe, heute der Kanzel gegenüber, ist die 1513 bezeichnete Statue des hl. Moritz die letzte datierte Pfeilerfigur: die frommen und zugleich der Ausschmückung des Dom-Inneren dienenden Stiftungen hatten in der Zeit nach 1520 unter dem Eindruck der Reformation ihr Ende gefunden: als vorläufig letztes Bildwerk wurde eine Madonna aus dem späten 14. Jh. am nachfolgenden Pfeiler aufgestellt. Im letzten Viertel des 19. Jh. ist dann das Raumbild durch Standbilder, die Personen der Bistums- und Reformationsgeschichte vorstellen, ergänzt worden (sie sind derzeit nicht aufgestellt).

In seinem Testament hat Propst Balthasar von Neuenstadt (†1516) das „sepulchrum Domini", das Grab des Herrn „in medio ecclesie", mit Licht versorgt. Auch in den schriftlich überlieferten Halberstädter Messordnungen aus dem 15. Jh. nimmt die Liturgie um das Grab Christi einen wesentlichen Raum ein. Das ist deswegen von besonderem Interesse, weil sich drei künstlerisch hervorragende Bildwerke des mittleren 14. Jh. oder der Jahre danach im Dom erhalten haben, die immer wieder als Bestandteile einer großen Heilig-Grab-Gruppe angesprochen worden sind: die Frauenfiguren und der Engel stehen mit oberrheinischen Werken der Zeit um 1340 und danach datierten Arbeiten in

Erfurt und Magdeburg in Zusammenhang, und damit ist die moderne, funktionslose Aufstellung in einer der Nischen des nördlichen Chorumgangs wenigstens von der Entstehungszeit her begründet. Ein Heiliges Grab, wie es im Freiburger Münster erhalten ist, scheint von der ähnlichen Figurenbildung her (dort die der bekrönenden Figuren auf dem Gehäuse) Rückschlüsse auf das in Halberstadt verlorengegangene Gehäuse zu erlauben – dabei ist es gar nicht sicher, ob es diese architektonische Form hier überhaupt gegeben hat. In der heutigen Anordnung gleicht das Figurenpaar, der Engel und die hoheitsvoll-ruhige Gestalt einer Maria, eher einer Verkündigungsgruppe, denn voller Verheißung hat der Engel seine Rechte erhoben. Nicht zu übersehen ist, dass Maria Magdalena – die mit ihren Salb- und Weihrauchgefäßen eindeutig einem Heiligen Grab zuzuordnen ist (s. S. 63) – in der zarten Schwingung ihres Körpers geradezu spiegelbildlich der Figurenkomposition des Engels entspricht. Zum Adel der Erscheinung dieser Bildwerke trug auch die farbige Fassung der Inkarnate und Gewänder bei. Als kostbare Staffierung ist sie noch in größeren Partien bei der Maria-Magdalenen-Figur erhalten.

Von der am ursprünglichen Ort noch vorhandenen Ausstattung sollen noch die beiden Radleuchter hervorgehoben werden (s. S. 64), großartige Erzeugnisse des Feinschmiedehandwerks, von denen der im Chor die 1365 genannte „corona de sanctuario" sein dürfte. Diese setzt sich aus vier, nach oben hin enger werdenden Reifen zusammen, auf denen für die Lichter kleine Gehäuse angebracht sind, eine Weiterentwicklung der alten Radleuchterform also, deren überlieferte Bedeutung als Himmelsstadt hier besonders anschaulich ist. Über den fast 50 Kerzenträgern schließt ein großes Tabernakel für eine Figur den Aufbau ab. – Einen unmittelbaren Rückgriff auf die alte Form und Bedeutung der romanischen Radleuchter stellt die große, für 60 Kerzen bestimmte Krone des Langhauses dar. Als Stiftung des Balthasar von Neuenstadt ist sie über seiner Grabstätte im Langhaus aufgehängt (nach Haber, 1739). Die Krone wird bald nach 1516 entstanden sein; der breite Reif, der die kleinen Gehäuse für die Apostelfiguren mit den Stifterwappen verbindet und die Kerzen trägt, zeigt im flachen Relief hier erstmals die Ornamentik der Frührenaissance. Auch die bronzene Grabplatte des Propstes (jetzt auf der Südempore), als Guss der Nürnberger Vischer-Werkstatt bekannt, ist in wesentlichen Zügen, der Statuarik der Figur wie der Rahmung und ihrem Ornament, ein Werk der Renaissance: Gelassen steht der Kleriker im Ornat der Domkapitulare unter einem Rundbogen von graphischer Eleganz (s. S. 66).

Statue der hl. Maria Magdalena von einem heiligen Grab, in einer der Altarnischen des nördlichen Chorumgangs aufgestellt.

Die Leuchterkrone im Chor.

Zum Schimmer der Marmor- und Alabasterwerke trat der Glanz der messingnen und vergoldeten Geräte, die Farbenpracht der Textilien, Altarretabel und Figuren in einer von der spätgotischen Verglasung her bestimmten, d. h. verhältnismäßig hellen Grundfarbigkeit des Raumes. Dieser erweckte in den dreißiger Jahren des 19. Jh., also vor der ersten Restaurierung des Inneren, den Eindruck, als sei er „weder mit Kalk übertüncht noch vom Zahn der Zeit merklich berührt" (Lucanus, 1837), und Franz Kugler hatte ähnlich über den Dom geurteilt: „Er ist sehr wohl erhalten, und keine übertriebene Restauration hat ihm seine ernste, geschichtliche Farbe genommen; besonders im Inneren wohltuend wirkt jener bräunlich-graue Ton, der ebenso weit von der wohlfeilen weißen Tünche des Maurers als von der beliebten Pfefferkuchenfarbe moderner Architekturmaler entfernt ist" (1833). Man wird für diese Steinsichtigkeit des Raumes vielleicht eine „steinfarbene" lasierende Raumfassung annehmen müssen (Reste vereinzelt sichtbar).

Der Radleuchter im Langhaus.

Wenige Gegenstände der Ausstattung stammen aus nachmittelalterlicher Zeit. Mit einer neuen Kanzel wurde im Jahr 1592 der Einführung des evangelischen Gottesdienstes im Dom entsprochen. Der Predigtstuhl vereinigt verschiedene Teile – neben der älteren, spätgotischen Trägerfigur ein kostbares Alabasterrelief als vorderste Brüstungsplatte: es zeigt die Auferstehung des Herrn, ein Thema, das als Sieg Christi über Tod und Hölle schon in der Reformationszeit geschätzt war. Alttestamentliches Gegenstück dazu ist hier die Geschichte von Samson, dem Helden, der das Haus der Philister zum Einsturz bringt: Die Szene findet sich unter den Treppenlauf der Kanzel gemalt, und wie die in heftiger Verkürzung gemalte, stürzende Säulenarchitektur mit der Schräge der Kanzeltreppe korrespondiert, gibt einen Eindruck von der in Halberstadt sonst verlorengegangenen manieristischen Malerei. Zwei Jahrzehnte älter als die Kanzel war die große Kirchenuhr am Westende des südlichen Seitenschiffs, von der sich nur das Zifferblatt erhalten hat – mit den großen Kunstuhren des 15./16. Jh. hat sie sich allerdings nicht messen können. Schließlich ist die Dom-Orgel zu nennen, das 1965 von der Orgelbauanstalt Eule in Bautzen fertiggestellte Werk von 66 Registern, das sich hinter dem hochbarocken Prospekt der Heinrich-Herbst-Orgel von 1718 verbirgt. Dieser prächtige und reich skulptierte Aufbau norddeutscher Prägung präsentiert heute mit wenigen zeitgleichen Grabdenkmälern die barocke Ausstattung des Domes (Aufmaße des 19. Jh. überliefern eine Folge von Priechen in den fünf östlichen Jochen des Langhauses). Die barocke Orgel war Nachfolgerin einer im Jahr 1520 gebauten großen Domorgel von bereits 30 Registern Umfang, die ihrerseits jene bereits genannte gotische Orgel abgelöst hatte.

Im Gegensatz zu anderen Domkirchen hat es in der Halberstädter Kathedrale keine Tradition figürlicher Bischofsgrabmale gegeben: die Grabstätten sind bzw. waren mit einfachen Platten bezeichnet – die beiden kleinen Rotmarmorplatten im Chor sind hier zu nennen. Erst in der Mitte des 16. Jh. wurde diese auffällige und wohl absichtsvolle Zurückhaltung durchbrochen: Bischof Friedrich von Hohenzollern (reg. 1550-1552) wurde nicht nur an besonders ehrenvoller Stelle, nämlich mitten vor den Stufen des Hauptaltars, bestattet, sein Vater, Kurfürst Joachim II. von Brandenburg, sorgte nicht nur für das Grabbild im Boden, sondern auch für ein Epitaph, das unter den fürstlichen Grabdenkmälern dieser Zeit keinen Vergleich zu scheuen brauchte. Über die Chorschranke hinweggebaut, stellt es den verhältnismäßig jung verstorbenen Erzbischof gleichsam als Teilnehmer des Hochamtes vor. Weltlich gekleidet, ist die stehende Grabfigur zugleich der Gegenwart enthoben, wie sie weit über den Gestühlsreihen mit einem von Engeln gehaltenen Vorhang umfangen ist: Mit dieser Architektur und ihrem Beiwerk

Die Kanzel in ihrer neuzeitlichen Aufstellung am 1. südlichen Langhauspfeiler; Blick zum südlichen Seitenschiff.

hat der Bildhauer Hans Schenk (bez. „hoc opus exsculpsit ... 1558") die Phantasien kleinmeisterlicher Graphik verwirklicht – einen Triumphbogen mit winzigen Nebenpforten und überdimensioniertem Aufsatz sowie seitliche, kopflastige Freisäulen und einer exzessiven Materialkombination von Eisen und Stein. In der bizarren Welt der Begleitfiguren und des Sockelfrieses handelt das Denkmal von der Schuld des Menschen und mahnt den Betrachter an Tod und Gericht. Von der den Bildwerken ablesbaren Glaubenshaltung des

Oben: Grabdenkmal für den Dompropst Johannes Semeca, gest. 1245; im 1. Joch des südlichen Chorumgangs. Die im 2. Viertel des 15. Jh. geschaffene Tumba ehrt den berühmten Gelehrten – die Trauernden auf der Sarkophagwand sind daher wohl als Verkörperung der vier Fakultäten zu verstehen. Das Schutzgitter ist eine Zutat des 16. Jh.

Unten: Die Ostwand des Querhauses auf der Südempore mit dem Zugang vom Chorumgang her; links davon die Grabplatte des Dompropstes Balthasar von Neuenstadt (gest. 1516), ein Guss der Werkstatt Peter Vischers d. Ä. in Nürnberg.

Oben: Das Grabdenkmal für den 1552 verstorbenen Erzbischof Friedrich von Hohenzollern an und über der südlichen Chorschranke.
Unten: Epitaph für den Domdechanten Caspar von Kannenberg, gest. 1605. Das von Sebastian Ertle und Luleff Bartels gearbeitete Werk ist am südöstlichen Vierungspfeiler angebracht.

Fürsten ausgehend, verrät nach neuerer Deutung das Grabmal zugleich die Vorstellung des Auftraggebers von einem (säkularisierten) hohenzollerischen Bistum Halberstadt.

Ein besonderes Werk ist auch die in der Mitte des 15. Jahrhunderts entstandene Gedächtnistumba für den schon genannten Dompropst Johannes Semeca. Als hervorragenden Lehrer des Kirchenrechts rühmt ihn eine gemalte Tafel über dem Grabmal. Man hat wohl zu Recht dem Gelehrten nicht nur maßgeblichen Einfluss auf den Dombau, sondern auch auf die zu seiner Zeit entstandenen Kunstwerke (belegt für ein illuminiertes Missale im Domschatz) zugeschrieben. Eingefasst von einem schönen Renaissancegitter, vertritt das Grabdenkmal mit der vollplastischen Liegefigur auf der Deckplatte einen im 14. Jahrhundert blühenden Grabmaltypus: in dieser monumentalen Form des Adelsgrabes, mit den Klagefiguren in den Blendenarkaden des Sarkophags und den (ehemals zwei) weihrauchspendenden Engeln zu Füßen, wurde dem Propst – vielleicht genau zweihundert Jahre nach seinem Tod – ein ungewöhnlich ehrenvolles Denkmal gesetzt.

Der Domschatz

Der Halberstädter Dom besitzt einen der größten Kirchenschätze, die sich aus hoch- und spätmittelalterlicher Zeit bis heute erhalten haben. Berühmt ist der Domschatz im 20. Jh. vor allem als Hort der ältesten erhaltenen europäischen Wirkteppiche geworden, des Abraham- und Michaels-Teppichs aus dem 12. (s. S. 74f.) und des Karlsteppichs aus dem 13. Jh. (s. S. 73). Von besonderem Rang sind auch die mittelalterlichen Altarbekleidungen (s. S. 77) und die Fülle der Pontifikalgewänder, die Reliquiare des 11.-13. Jh. (s. S. 70ff.). Manche Kostbarkeiten sind nur literarisch überliefert: so berichtet der Verfasser der Bischofschronik u. a. von einer goldenen Tafel, besetzt mit Edelsteinen, die Bischof Arnulf für den Hochaltar gestiftet hat, also wohl von einem der frühromanischen Antependien, wie sie nur in wenigen Stücken erhalten sind. Von der Domweihe des Jahres 992 ist überliefert, dass Kaiser Otto III. ein goldenes Szepter schenkte – auch dieses ist nichtmehr vorhanden.

Alter Aufbewahrungsort für die liturgischen Gewänder war das „armarium", die Sakristei. Dort lagen sie nach einem Beleg von 1465 in „capsulae", hölzernen Kästen (hier nicht erhalten). Die kostbarsten, zum liturgischen gottesdienstlichen Gebrauch bestimmten Gegenstände waren und sind im tonnengewölbten „Zither" verwahrt. Der Bereitstellung der beim Messgottesdienst benötigten Geräte dienten sog. Sakristeischränke, schwere Eichengehäuse, von denen sich im Dom und in der Liebfrauenkirche noch einige erhalten haben. Im Dom selbst steht der große dreigliedrige Sakramentsschrank zu Seiten des Hauptaltars (s. S. 62). Nicht zu übersehen ist im Südosten des Chorumgangs ein vergitterter Bücherbehälter. Die Aufsicht über die Reliquien in ihren kostbaren Behältnissen, das Altargerät und die Gewänder oblag in mittelalterlicher Zeit einem der Domherrn, dem Custos oder Thesaurius, dem für dieses Amt Vicare mit Schlüsselbefugnis für Schatzkammer, Archiv und Großes Siegel, die Clavigeri, zur Seite standen. Nach Einführung der Reformation blieben die kostbarsten Gegenstände unter Verschluss des Dechanten und des Seniors. Andere Stücke wurden benutzt und verschlissen, wie eines der (mittelalterlichen) Altartücher, das man in der Mitte des 18. Jahrhunderts dem Lumpensammler schenkte.

Mit der Aufhebung des Domstifts drohte nach 1810 die Gefahr der Abwanderung und Zerstreuung des Schatzes, doch fanden sich damals Männer, die den Abgabe-Erlass der westfälischen Regierung unterliefen und die Bewahrung des Schatzes am angestammten Ort durchzusetzen vermochten. Der Schatz, dem sich die zunächst als „Domsammlung" bezeichneten, nicht mehr ortsgebundenen Altarretabel und Figuren hinzugesellt hatten, gelangte damals in die Obhut der Ev. Domgemeinde. 1912 galt er schließlich als nationaler Kunstbesitz. Seine museale Aufstellung gelang 1936, vermehrt u. a. um Gegenstände aus der Liebfrauenkirche. Dass der Bestand die Kriegs- und Nachkriegszeiten unbeschadet überstanden hat, ist vor allem dem verantwortlichen Handeln der Domgemeinde zu danken. 1959 wurde der Domschatz wieder und in neuer Anordnung ausgestellt. Die geltende Zuordnung des Doms und seines Schatzes zur Dom- und Schlösserstiftung des Landes Sachsen-Anhalt umfasst zugleich das

Die Sakristei mit einer Piscina in der an den Domchor anschließenden Nordwand. Glanzstück des sonst schlichten Raumes ist dort das Rundfenster mit seinem kreisenden „Fischblasen"-Maßwerk. Zum Kruzifix darunter vgl. Abb. S. 80.

Präsentationsrecht der Evangelischen Stadt- und Domgemeinde für den Domschatz. Mit dem Ziel einer verbesserten Präsentation konnte im Jahr 2004 der Grundstein für einen Anbau auf der Parzelle der im 19. Jahrhundert obertägig abgerissenen südlichen Klausur gelegt werden, ein schmaler Kubus nach einem Entwurf von Helge Sypereck. Seit 2008 wird der Domschatz in veränderter Aufstellung wieder gezeigt: wie bisher im Obergeschoss des Remters die großen Teppiche, im Neuen Kapitelsaal die Altarretabel und im „Zither" die kostenbarsten Reliquiare, dazu nunmehr auch im Ostflügel über dem Alten Kapitelsaal die liturgischen Gewänder und Bücher, in der Domsakristei die großen eichenen Schränke. Anordnung und Auswahl der Schatzstücke folgen damit zugleich ihrer gottesdienstlichen Widmung. Die wichtigsten Gegenstände aus der Liebfrauenkirche sind im neuen Anbau gesondert aufgestellt.

Oben: ehem. Reliquienschrank auf dem Hochaltar, um 1520, links geschlossen, rechts schematische Darstellung des geöffneten Oberteils mit den vier angehefteten „Tüchlein"-Malereien. – Mitte: Tüchlein-Malereien, um 1520, v. l. n. r.: Hl. Stephanus, Steinigung des hl. Stephanus, Enthauptung des hl. Papstes Sixtus, Papst Sixtus. – Unten: Steinigung des Stephanus.

Nach den Reliquienstiftungen der frühen Zeit (s. o.) erfuhr der Schatz im Jahr 1205 einen hochbedeutenden Zuwachs, als Bischof Konrad von Krosigk vom vierten Kreuzzug – dessen unrühmlicher Höhepunkt bekanntlich die Einnahme und Plünderung der oströmischen Hauptstadt gewesen war – zurückkehrte. Zwischen Geschenken und Kriegsbeute kann heute nicht mehr unterschieden werden – der Löwenanteil ist damals an die aufstrebende Mittelmeermacht Venedig und ihre Kirche S. Marco gefallen, wo er heute noch zu sehen ist. Unter den von Bischof Konrad nach Halberstadt gebrachten Gegenständen nimmt die silberne Weihebrotschale mit dem Bild der Kreuzigung Christi, ein Werk der Zeit um 1070, nach seiner liturgischen Kostbarkeit und der Feinheit der Ausführung

Seidene Kasel mit gestickten Adlern, niedersächsisch, 1. Hälfte 13. Jh.; Mitra mit Perlstickerei, niedersächsisch, um 1300; Pontifikalhandschuhe. Vortragekreuz aus Bergkristall mit Goldmalerei, Venedig, 13. Jh.

einen besonderen Rang ein (s. S. 70). Das Wissen um den Verwendungszweck der Schale in der Ostkirche hat dann eine Umarbeitung begünstigt, die mit Hilfe kleiner gegossener Figuren den Märtyrertod des Stephanus mit dem Vor-Bild der Kreuzigung bildlich verknüpfte – die kleinen Judenfiguren des nunmehr „Stephanusschüssel" genannten Diskos sind erhalten, aber im vorigen Jahrhundert wieder von der Schale getrennt worden (s. S. 70). Im frühen 13. Jh. wurde auch ein Stein, der den hl. Stephanus getroffen haben soll, kostbar gefasst (s. S. 70). In älterer, noch byzantinischer Silberfassung wird die Schädeldecke des hl. Jacobus des Jüngeren gezeigt. Einige Partikel der „Reliquien aus Griechenland" hat Bischof Konrad zunächst für sich behalten: Aus seinem Nachlass gelangte im Jahr 1225 u. a. ein Finger des hl. Nikolaus an den Dom und wurde von einem der vergoldeten und reich mit Edelsteinen besetzten Armreliquiare (s. S. 71) kostbar umschlossen. Ein weiteres Armreliquiar enthält Arm- und Schädelknochen des hl. Stephanus. Diese und

Oben: Liturgischer Diskos, zur Vorbereitung der Kommunion. Byzantinische Treibarbeit, Silber, vergoldet.

Zwei Juden, Bronzeguss, vergoldet. Teile einer Figurengruppe (Darstellung der Steinigung des hl. Stephanus), ehem. mit dem Liturgischen Diskos verbunden. Niedersächsisch, Anfang 13. Jh.

Unten: „Stein des hl. Stephanus", in einer Silberfassung des frühen 13. Jh.

Markusevangelium, Frankreich um 1140, Blindstempel-Einband. Aus der Liebfrauenkirche.

weitere Reliquiare erklären sich aus dem Bestreben heraus, die heiligen Überreste anschaulich und in angemessener Kostbarkeit den Gläubigen vorzuweisen. Der prächtigste, vom Alter und der Bedeutung der hier versammelten Partikel her würdigste Gegenstand ist ein Tafelreliquiar (s. S. 72), mit dem die alte Form der Staurothek weitergeführt wird.

Der fragmentarische und veränderte Zustand vieler Kleinode ergibt sich aus der zum Teil wenig bedenklichen Anpassung an einen neuen Gebrauchszweck. So ist das älteste Stück des Schatzes, ein spätrömisches Konsulardiptychon aus dem Jahre 414 n. Chr., gekürzt worden, um es als Buchdeckel verwenden zu können – freilich haben manche Stücke eben nur dank solcher Veränderung die Zeiten überdauert. Als am berühmten Karlsteppich (s. S. 73), der Karl den Großen inmitten von vier römischen Philosophen zeigte, die oberen Köpfe abgetrennt wurden, verstümmelte man auch die textliche Aussage. Philologische Gelehrtenarbeit hat die Sprüche dieses um 1230 entstandenen Werkes rekonstruiert. Eine weitere hochbedeutende mittelalterliche Textilarbeit, ein ehemals etwa 5,5 x 4,5 m messender Knüpfteppich aus dem mittleren 12. Jh., ist nur noch als ein vergleichsweise kleines Fragment erhalten. Die Bestimmung der Werkstätten, die diese Kunstwerke hervorgebracht haben, stößt auf Schwierigkeiten, wenngleich das Damenstift in Quedlinburg für die

Oben: Drei Armreliquiare mit Partikeln der hll. Stephanus, Jakobus und Nikolaus (v. l. n. r.). Vergoldetes Silber und edle Steine, um 1225.

Unten: Flache Holzschale, wohl zum Gebrauch der gemeinschaftlichen Tafel des Domkapitels. Um 1320.

Große Reliquientafel; inmitten Partikel des Heiligen Kreuzes, daneben ein Dorn der Dornenkrone Christi, Reliquien Mariens, der Apostel u. a. Nach 1225, unter Verwendung älterer Kleinode.

Teppichkunst des 12. und 13. Jh. und die Heideklöster in Niedersachsen für die Stickereien der nachfolgenden Zeit in Frage kommen. Aus den Zentren der spätromanischen Gießerei und Goldschmiedekunst wie Magdeburg oder Hildesheim haben gewiss Werke nach Halberstadt gefunden. In welchem Umfang hier eigene Werkstätten bestanden haben, ist bisher wenig geklärt. Ihre Tätigkeit kann am ehesten bei der Umgestaltung älterer Kostbarkeiten vorausgesetzt werden, so bei der Neufassung einer ägyptischen Bergkristallflasche oder der Umarbeitung eines byzantinischen Glases zu einem Karlsreliquiar im mittleren 14. Jh..

Im Rahmen dieser Darstellung kann auf die einzelnen Gegenstände des Domschatzes nicht eingegangen werden. Der Besucher wird sein Augenmerk zunächst auf die großen romanischen Wirkteppiche richten: den Abrahams- (oder Engels-) Teppich aus dem mittleren 12. Jh. mit vier Szenen, die im 1. Buch Mose berichtet werden, und das die Bilderfolge rechts abschließende Feld mit dem Drachenbezwinger, dem Erzengel Michael (s. S. 74f.). Dann den etwas jüngeren Apostelteppich, der seinen Namen nach den paarweise thronenden Aposteln trägt und dessen mittlerer Teil das Bild des endzeitlichen Christus zeigt, nach

Oben: Der Karls-Teppich. Karl der Große als Herrscher, von vier Philosophen beraten. Wirkteppich, um 1230/40.

Links: Konsulardiptychon, Elfenbein aus dem Jahr 417, im 13. Jh. als Einband eines Antiphonars verwendet.

Der Abrahams-Teppich mit seinen Bildfolgen der Erscheinung des Herrn und der Ankunft der drei Männer vor Abraham, Abrahams Gastmahl, der verhinderten Opferung Isaaks und schließlich dem Bild des Erzengels Michael. Mitte 12. Jh.

Das zweite Bild des Abrahams-Teppichs: die engelgestaltigen Männer als Verkörperung der göttlichen Trinität, von Abraham und Sarah bewirtet.

Der Apostel-Teppich, linke Hälfte.

Der Abrahams-Teppich, rechte Hälfte.

Das Mittelbild des Apostel-Teppichs: Christus in der Mandorla, die Erzengel Michael und Gabriel.

Der Apostel-Teppich, rechte Hälfte.

Oben: Der Marienteppich, Detail: Die Flucht nach Ägypten. Der fast 14 m lange Wirkteppich wurde vermutlich vom Propst Balthasar von Neuenstadt in seine Kapelle am westlichen Kreuzgang gestiftet. Um 1500.

Links: Marientabernakel, hölzerner Schrein mit Figuren aus Elfenbein, vermutlich in Paris um 1330 entstanden. Aus der Liebfrauenkirche.

ostkirchlicher Bildtradition vorgewiesen von den Erzengeln Michael und Gabriel (s. S. 74f.). Ein großes, im späten 13. Jh. gearbeitetes Leinentuch ist ein Hauptstück der niedersächsischen Stickkunst, ausgezeichnet durch seine vollendete, vielfältige Sticktechnik und die Verwendung farbiger (heute verblichener) Seiden. Im Mittelpunkt der Darstellung steht die Kreuzigung Christi, deren unmittelbarer Bezug zu dem am Altar gefeierten Messopfer durch die alttestamentlichen Vorbilder von Isaaks Opfer und der Aufrichtung der ehernen Schlange gegeben ist (s. S. 77).

Seidengesticktes Leinentuch vom Ende des 13. Jh. Dem zentralen Bild der Kreuzigung sind alttestamentliche Vor-Bilder und das Symbol des sich opfernden Pelikans zugeordnet. Seitlich schließen insgesamt 36 Kreispässe mit Halbfiguren von Propheten, Aposteln und Heiligen an.

Der Märtyrertod der Dompatrone Sixtus und Stephanus auf einer gestickten Altardecke, Mitte 14. Jh.

Der sog. Sakristeischrank der Liebfrauenkirche – sein wohl giebelförmiger oberer Abschluss ging verloren – ist als „Möbel" wie als Träger frühester Tafelmalerei gleicherweise von hervorragender Bedeutung (s. S. 78). H.-J. Krause hat, historischen Nachrichten folgend, eine Entstehung in der Zeit um 1245/50 wahrscheinlich gemacht. Steht der Schrank, wie Stil und Ikonographie der Verkündigung auf den Tür-Außenseiten zeigen, einerseits in der älteren Bildtradition, so verkörpert er als „scrinium reliquiarum" (so 1311), als Reliquienschrank, zugleich den Weg zum Altarschrein: die geöffneten Türen zeigen die Standfiguren der hl. Katharina und Kunigunde, so dass man als zentrale Figur für das obere Schrankfach eine thronende Maria (entsprechend der Bildanordnung über dem Südostportal der Liebfrauenkirche) erwarten könnte. Dafür wurde die ebenfalls aus der Liebfrauenkirche stammende und wohl noch vor 1220 entstandene Sitzmadonna (Eichenholz, farbig gefasst) vorgeschlagen (s. S. 79). Unter einer großen Zahl ähnlicher niedersächsischer Madonnen ist sie sicher die bekannteste, vielleicht auch die schönste. Die Forschung hat ihre Verankerung in der rheinischen Plastik der Zeit um 1200 hervorgehoben und von daher auch die antikisierende Bildung der Christusfigur erklärt.

In den Vitrinen des früheren Dormitoriums am Kreuzgang, im Obergeschoss des Ostflügels sind kostbare liturgische Gewänder des 12.-16. Jh. zu sehen, Pluviale und Kaseln, Dalmatiken, Mitren und weitere Bestandteile bischöflichen Ornats (s. S. 69) wie Handschuhe, Manipel und Pontifikalschuhe. Neben den festtäglichen Seiden- und Brokatgewändern fällt die Kostbarkeit der Perlenstickereien aus der Zeit um 1300 auf: außer perlbestickten Mitren bewahrt der

Der sogenannte Sakristeischrank aus der Liebfrauenkirche, links: geschlossen – rechts: Die Innenbemalung der rechten Tür des Sakristeischranks: die hl. Kunigunde. Um 1245/50.

Die thronende Muttergottes aus der Liebfrauenkirche. Das Bildwerk zählt zu den berühmtesten niedersächsischen Skulpturen des frühen 13. Jh. Auf dem Löwenthron niedergelassen, verkörpert die Gottesmutter zugleich den Sitz der göttlichen Weisheit.

Kruzifix aus der Zeit um 1260/70, auf neuem Trägerkreuz; in der Sakristei.

Kreuzigung Christi, Aufsatz des ehem. Kreuzaltars. Alabaster, teilweise gefasst. Um 1460.

Auf der in Bronze gegossenen und bemalten Fünte sind Szenen der Kindheit und Jugend Jesu in flachem Relief geschildert. Hier abgebildet: Anbetung der Könige, Kindermord in Bethlehem, Darstellung Christi im Tempel. Von den Trägerfiguren, die vorauszusetzen sind, ist nichts mehr bekannt; ausgestellt auf der Empore im südlichen Querhaus.

Links: Einer der Gewölbeanfänger vom ehemaligen Schlingrippengewölbe im Neuen Kapitelsaal (1514). Rechts: Doppelfigur im Strahlenkranz, der hl. Stephanus und die Madonna; um 1430.

Unten: Neuer Kapitelsaal, östliches Joch vor dem Ausgang zum Südquerhaus, im Blick nach Nordosten. In der Mitte des Raumes die Schlußsteine des 1945 zersörten Gewölbes.

Gemalter Flügelaltar, die „Madonna mit der Korallenkette".

Rechts: Gemalte Tafel, die Madonna, dem Wortlaut der Offenbarung nach dargestellt: mit der Sonne (dem Strahlenkranz) bekleidet, mit Sternen bekrönt und auf dem Mond stehend.

Domschatz auch ein Antependium und eine Hostiendose mit Perlstickerei auf. Kaseln der 2. Hälfte des 15. Jh. sind mehrfach mit der damals beliebten Reliefstickerei verziert. Die eingearbeiteten Wappen lassen in einigen Fällen den ursprünglichen Besitzer des Gewandes bestimmen.

Im Neuen Kapitelsaal sind die meisten der erhaltenen Nebenaltarretabel und Einzelfiguren aufgestellt. Zu den ältesten Tafeln zählt das Bild der „Madonna mit der Korallenkette" (s. S. 82): Den Hauptpersonen der heiligen Sippe haben sich die hl. Jungfrauen Katharina, Magdalena und Barbara hinzugesellt; vermutlich entsprach dem Täufer auf dem erhaltenen linken Altarflügel Johannes der Evangelist auf dem verlorenen rechten. Der anmutig-stillen Gruppe der Heiligen ist die Gruppe der fünf kleinen Engel beigegeben, die für ihr Marienlob sich lebhaft um eine Notenhandschrift drängt. Namengebend wurde für die Tafel das Motiv des kindlichen Spiels mit der (unheilabwehrenden) Korallenkette (vgl. den Fröndenberger Altar des Conrad von Soest in Dortmund, Museum für Kunst- und Kulturgeschichte). Mit diesem Altar steht die Tafel einer Madonna im Strahlenkranz (s. Abb. rechts) in engem

Altarflügel mit dem Martyrium der hl. Eufemia.

Oben: Großer gemalter Wandelaltar mit der Kreuzigung Christi, auf den inneren Flügeln Verkündigung an Maria und erste Lebensstationen Christi; auf dem Rahmen als Werk des Malers Hans Raphon von 1508 bezeichnet.

Unten: Eines von zwei Flügelpaaren für die Engeldarsteller beim Drachenspiel. Holz, bemalt, wohl 1. Hälfte des 15. Jh.

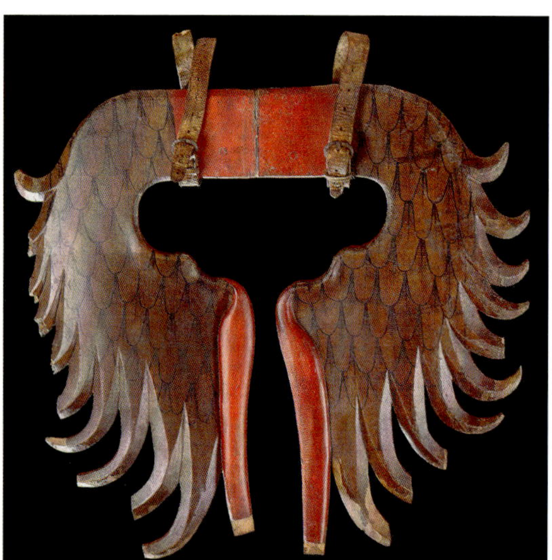

stilistischen Zusammenhang, ein Bildtypus, der auf die Offenbarung Johannis (12,1) zurückgeht. Beide Kunstwerke waren um 1420 für die Marienkapelle gestiftet worden. Der große gemalte Kreuzigungsaltar von 1509 ist ein Hauptwerk des Malers Hans Raphon (s. Abb. oben). Er stand auf dem Nebenaltar im 3. westlichen Joch des Nordseitenschiffs. Ein um zwei bis drei Jahrzehnte älterer Altarflügel schildert das selten dargestellte Martyrium der hl. Eufemia, die z. Zt. des Kaisers Diokletian unter dem Richter Priscus ihr Leben lassen musste (s. S. 83): im oberen Blickfeld übersteht es die Heilige, zwischen großen Steinen eingequetscht zu werden, darunter ist gezeigt, wie sie in einer Grube von den dort hausenden wilden Tieren verschont wird, schließlich aber von der Hand des Henkers stirbt. Das Altarretabel ist dem Meister des Marktkirchenaltars von Hannover zugeschrieben worden (im 1208 notierten Verzeichnis der von Bischof Konrad der Domkirche geschenkten Reliquien ist auch das „brachium Eufemie virginis“, ein kostbar geschmücktes Armreliquiar, aufgeführt. Wo der im 2. Viertel des 13. Jh. gestiftete Eufemia-Altar stand, ist nicht mehr bekannt).

Die Domstiftsgebäude

Die erste Erwähnung des südlich an die Kirche anschließenden Domklosters fällt in das Jahr 923. Erhalten sind der frühgotische Kreuzgang, das Remtergebäude im Westen und teilweise noch ältere Bauteile im Osten. Mit dem Bau einzelner Kurien in der Nähe des Domes hatte sich das ursprünglich gemeinschaftliche Leben der Domkleriker aufgelöst – bauliche Strukturen der älteren Zeit lebten aber in den Neubauten des 2. Viertels des 13. Jh. fort. War mit diesen eine einheitliche, dem Neubau des Domes angemessene Erscheinung der Stiftsgebäude geplant gewesen, so erwuchs in spätmittelalterlicher Zeit insbesondere auf der West- und Südseite aus allerlei Um- und Anbauten ein recht malerisches Bild. Um den mittelalterlichen Kernbestand an den Tag zu bringen, kam es nach 1860 zu umfangreichen Abbrüchen – es fiel u. a. der Fachwerkbau des „Domkellers" neben den Türmen (s. S. 34). Der südliche Kreuzgangflügel ist damals zum bloßen Verbindungsgang geworden. Die im 13. Jh. bald wieder verworfene Einwölbung des Kreuzgangs mit einem Rippengewölbe und auch die damals offenbar unfertig gebliebene Arkadenteilung (diese im 19. Jh. nach klassisch-frühgotischem Vorbild ergänzt) sprechen für eine stockende Bauausführung. Am Ostflügel haben sich die ältesten Bauteile der Domklausur erhalten, zwei (ehemals drei) zum Kreuzgang hin geöffnete Räume der ersten Hälfte oder der Mitte des 12. Jh., der sogenannte Alte Kapitelsaal (s. S. 86). Östlich ist an diesen die im Jahr 1417 geweihte Kapelle der für die Dombaufinanzierung tätigen Stephansbruderschaft (s. S. 86) angefügt. Im Obergeschoss diente der an den Domchor anschließende große rippengewölbte Raum als Sakristei; vom Chorumgang her ist er über einen ansteigenden, gedeckten Gang zu erreichen (s. S. 34). Die nächstfolgenden Räume – ehemals Dormitorium, dann Kapitelstube, Rittersaal und Ständestube – waren 1861 gänzlich verändert worden. Der Umbau für die Domschatzausstellung hat diese älteste Raumteilung aufgehoben. Nicht mehr vorhanden sind auch die Räume der Bibliothek, deren Bestände zum größten Teil zwischen dem Domgymnasium und der Universität Halle (dort in Teilen erhalten) aufgeteilt worden sind. Mit dem Umbau von 1861 verschwanden auch

Oben: Gekrönte Muttergottes auf einem Löwenthron, im südlichen Kreuzgang. Ende des 14. Jh., wohl in Anlehnung an ein älteres Bildwerk.

Unten: Konsole im nördlichen Kreuzgang für eine geplante frühgotische Rippenwölbung.

die alten Steildächer zugunsten eines ganz flachen, abgewalmten Schieferdaches von klassizistischem Zuschnitt (s. S. 13).

Mitten am Westflügel des Kreuzganges ist die Neuenstädter Kapelle in den Kreuzhof hineingebaut (s. S. 45), ein ansehnlicher spätgotischer Bau mit hohem Dachreiter aus dem Jahr 1502. Stifter des Bauwerks und der in ihm noch in der Spätzeit des Domstifts gefeierten Liturgie war der schon genannte Propst

Der Nordflügel des Kreuzgangs im Blick nach Osten.

Balthasar von Neuenstadt. Den zweijochigen Raum schmückt ein prächtiger, im 19. Jh. ergänzter Schnitzaltar mit einer Marienkrönung im Mittelschrein (s. S. 87). Zur originalen Ausstattung gehört auch hier eine schmiedeeiserne Lichterkrone, ein Werk von besonderer Feinheit, älter als der große Radleuchter im Langhaus. Neben den spätgotischen Glasmalereien im Chorschluss der Kapelle verdienen die im Jahr 1739 bemalten Leinwände an der Nordwand besonderes Interesse, auch wenn ihre künstlerische Dürftigkeit dazu nicht gerade einlädt: Es handelt sich um Kopien nach damals noch vorhandenen Wirkteppichen des 12./13. Jh.

Größtes Gebäude am westlichen Kreuzgangflügel ist der Remter (s. S. 88). Seine nach Süden weisende Giebelfront ist mit ihrer prächtigen Dreifenstergruppe weitgehend ein Werk der Erneuerung des 19. Jh.: Sie entstand nach einem 1859 gezeichneten Entwurf Ferdinand von Quasts, nach dem auch das Obergeschoss zur Aula des Domgymnasiums ausgebaut wurde. Für

Oben: Der sogenannte Alte Kapitelsaal an der Ostseite des unteren Kreuzgangs, Blick nach Norden. Links die Arkaden zum Kreuzgang, rechts die Bogenöffnung zur Stephanuskapelle.

Links: Der Blick aus dem Alten Kapitelsaal in die Stephanuskapelle; die Fenstermaßwerke nach 1868, das Trenngitter um 1600.

Das Innere der Neuenstädter Kapelle am Westflügel des Kreuzgangs, bezeichnet mit dem Baujahr 1503 in der Umschrift des Stifterwappens auf dem Schlußstein.
Propst Balthasar von Neuenstadt (vgl. Abb. S. 66) stiftete auch den Flügelaltar mit der Krönung Mariens und die Leuchterkrone.
An der Nordwand überliefert ein im 18. Jh. gemalter „Teppich", den Traum Jakobs darstellend, eine nicht mehr erhaltene romanische Wirkarbeit, vielleicht ein Gegenstück zum Christus-Apostel-Teppich.

Links oben: Die westlichen Domstiftsgebäude: im Anschluss an den Dom das Westfenster des Neuen Kapitelsaals, dann das Remtergebäude mit seiner südlichen Giebelwand von 1868.
Rechts oben: Portal in das Obergeschoss des Remters, im oberen Kreuzgang.

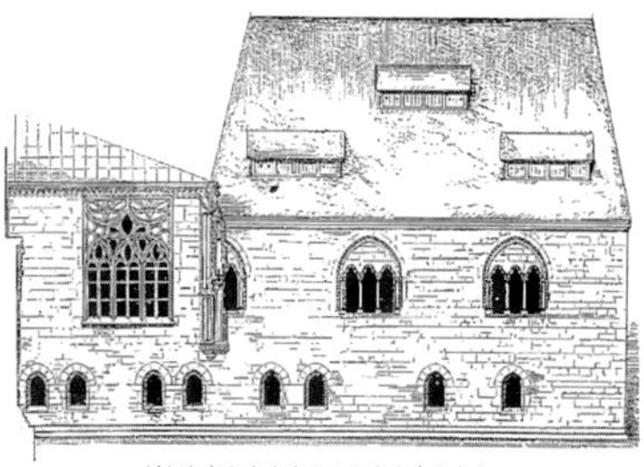

Links: Der Remter vor seiner Wiederherstellung, 1868 (Ansicht und Schnitt, nach Döring).

Links: Das Innere des Remters, Erdgeschoss, nach Nordwesten gesehen. Die vierseitigen Pfeiler des mächtigen Kreuzgratgewölbes sind z. T. erneuert. Neben dem Altar eine kleine Bronzetaufe in Kelchform, mittleres 13. Jh. Der Raum dient der Domgemeinde als Winterkirche (Aufnahme 1992).

Die Kuriengebäude auf der Nordseite des Domplatzes, vom Haus Nr. 44 bis zum Dom hin gesehen (vgl. Umschlagvorderseite).

diese hatte der Preußische Konservator eine hoch in den Dachstuhl ragende Tonne entwickelt und damit einen sehr ansehnlichen Raum von frühgotischer Prägung geschaffen (aufgrund der Einrichtung zum Ausstellungsraum nicht mehr sichtbar). Die ursprünglichen frühgotischen Bauformen blieben damals an den Fenstern der Westseite und an einer schönen Pforte zum Obergeschoss (vom oberen Kreuzgang aus) erhalten (s. S. 88). Anders, als es das hohe Satteldach anzeigt, ist das Erdgeschoss nach Norden hin bis an den Dom geführt und damit auf der Westseite mit seinem letzten Fensterpaar förmlich hinter dem Südwestturm verborgen. Diese Situation lässt erkennen, dass das Gebäude noch vor dem bestehenden Dom begonnen worden ist. Im Inneren nimmt ein großer zweischiffiger Raum, heute die Winterkirche der Domgemeinde, das Erdgeschoss ein (s. S. 88).

Die Kurien

Über die mittelalterliche Unterteilung des Domplatzes ist wenig bekannt. Noch im 19. Jh. gab es aber die Einfriedung des Liebfrauenkirchhofs, die den Platz im Westen etwas verkürzte, ferner Unebenheiten, deren Ursache ungeklärt ist. Dass der Platzraum grundsätzlich bestanden hat, geht z. B. aus dem öffentlichen „Domherrenspiel" (es stellte den Sieg der Kirche über das Heidentum dar) und dem „Drachenspiel" hervor. Seit 1958 wird der Domplatz als zentraler Festplatz der Stadt verwendet; eine umfassende Instandsetzung seiner Freiflächen fand in den Jahren 1998-2003 statt.

Die äußere Platzbebauung geht auf eine in mittelalterlicher Zeit vorgenommene Austeilung von Hofstellen entlang der Außenmauer der Domburg zurück (s. S. 6f. u. 9). Dem baulichen Typus nach gleicht sie damit in gewisser Weise einer Randhausburg oder auch der Bebauung hochmittelalterlicher Stadtumwehrungen mit Wohnsitzen des Stadtadels im Maueranschluss: Es liegt nahe, dass die Verteidigung der ausgedehnten Domburg bischöflichen Dienstleuten oblag, die anfangs hier auch ansässig gewesen sind. Als die Domburg im 12./13. Jh. von der Stadt umgeben war, konnten auf jenen Grundstücken Kurien, Residenzen der Domherren, entstehen. Die ehemaligen Torwege der Burg (s. Vorsatzblatt u. S. 6-9) leben in den Zugangsstraßen zum Domplatz hin fort, vom Namen her erkennbar noch im „Tränketor" nach Norden. Eine besonders starke Toranlage muss es zur weniger geschützten Südseite hin gegeben haben (deswegen wohl „Düsteres Tor"). Als Torsperre hat hier in der Mitte des 14. Jh. eine eiserne Kette genügt. Auf das von den Scholaren aufgeführte „Drachenspiel" soll der Name des westlichen Platzzugangs, das „Drachenloch", zurückgehen. Der Zugang im Osten, die Domstufen (Burgtreppe), tritt wegen der großen Fehlstelle in diesem Bereich derzeit nicht in Erscheinung. Im Norden ist die Peterstreppe neuerdings dem Bestand von 1898 wieder angenähert worden.

Lag seit der frühesten Zeit das Domkloster südlich vom Dom, so stand das Palatium des Bischofs im Norden, an die bischöfliche Hauskapelle St. Liudger unmittelbar anschließend. Nachdem Bischof Burchard I. den Petershof als Residenz der Bischöfe begründet

Oben: Die ehem. Dompropstei, der frühere Verwaltungssitz des Fürstentums, heute Hochschule Harz, im Blick nach Südosten.

Unten: Die Statue des Stiftspatrons St. Stephanus an der Ecke der Dompropstei.

hatte (s. S. 29ff.), wurde der alte Bischofshof (später als Herrenkurie A bezeichnet) von den Domdechanten bezogen. Im Ganzen ist unsere Kenntnis von der Altbebauung lückenhaft: Es gab die Kurien, die Kapellen (St. Gangolph, St. Laurentius), Wirtschaftsgebäude aller Art, in späterer Zeit auch Kram- und Buchläden, an deren Einkünften das Stift Anteil hatte. Dem Propst Balthasar von Neuenstadt diente zuletzt eine Kurie, die als geräumiges Haus mit über zwanzig Räumen bezeugt ist, eine große Haushaltung mit Scheunen und Ställen für sechs Pferde und zehn Schweine (weitere 27 Schweine des Prälaten waren in der Stadt untergebracht). Die erhaltenen Gebäude gehören weitgehend nachmittelalterlicher Zeit an, und damit ist das Bild des Domplatzes nicht zuletzt ein Ergebnis des 18. und auch des 19. Jh. Dabei belegt der nach Westen weisende Fachwerkgiebel am Haus Nr. 44, dass die schöne und verhältnismäßig einheitliche Häuserreihe, die diesen nördlichen Platzabschnitt bestimmt (s. S. 89 u. Umschlagvor-

Die ehem. Spiegelsche Kurie (Domplatz 36), das Städtische Museum, im Blick vom Dom zur Unterstadt.

derseite), nicht das Bild wiedergibt, das hier bis zum 18. Jh. bestanden hat. Die ältere Bebauungsstruktur ist auch im Blick auf das Rückgebäude Nr. 48 (Mitte des 18. Jh.) zu erkennen (das Vorderhaus ist eine in Fachwerkbauweise errichtete Villa des späten 19. Jh.).

Aus der Zeit des Bischofs Heinrich Julius stammt die Dompropstei (Nr. 14), die in den Jahren 1591-1611 an der Einmündung der Straße „Unter den Zwicken" neu gebaut wurde (s. S. 15 u. 90). Ob die in der niederdeutschen Renaissance-Architektur recht seltenen straßenseitigen Erdgeschoss-Arkaden etwa von Laubengängen eines Vorgängerbaues her bestimmt sind, ist ungeklärt. Das Innere der Dompropstei wurde mehrfach verändert. Im 16.-19. Jh. reichte das Gebäude vom Domplatz bis zur Schmiedestraße, wo die jetzt unter den Bögen zum Domplatz hin aufgestellte Stephanusfigur ihren Platz hatte (s. S. 90) – der Bistumspatron waltete als Schirmherr dieses Regierungsgebäudes und des alten Torweges zur Domburg also auch noch in nachmittelalterlicher Zeit. Dieses Haus, das westlich benachbarte gründerzeitliche Eckgebäude des Postamts von 1899 (Nr. 13, auf dem Grund einer früheren Kurie, s. S. 15) und der Petershof (s. S. 30) erinnern noch an die alte, bis in die Neuzeit fortdauernde Funktion des Domplatzes als Ort der Landesverwaltung. Nach Osten hin verbindet ein Neubau die Propstei mit dem 1875 erbauten ehemaligen Domgymnasium (s. S. 14). Hier hatte die Domschule schon in spätmittelalterlicher Zeit ihren Platz. Der neugotische Werksteinbau ist mit dem „sakralen" Motiv des vor dem Giebel frei stehenden Pfostenwerks angemessen hervorgehoben (als städtisches Amtsgebäude genutzt). Alle drei Gebäude werden heute von der „Hochschule Harz" genutzt. Das weiter nach Osten hin anschließende Haus ist das Dompfarramt (Superintendentur; Nr. 18, s. S. 14). Zur Liebfrauenkirche hin stehen auf der Südseite die anspruchsvollen, in Resten spätmittelalterlichen Gebäude der Kurien des ehem. Liebfrauenstifts (Nr. 3 die ehem. Dechanei, ein Neubau des Landbaumeisters J. C. Huth von 1796 als Redernsche Kurie; s. S. 92 u.). Bescheidener sind auf der gegenüberliegenden, der nördlichen Platzseite die als spätbarocke Fachwerkhäuser errichteten Predigerhäuser der reformierten Gemeinde (Nr. 46, 47, s. S. 89).

Besondere Aufmerksamkeit verdienen die Kuriengebäude nördlich vom Dom. Nach dem Neubau am Tränketor (Nr. 38/39; Altenheim) folgt mit Haus Nr. 36 die ehemalige Spiegelsche Kurie (s. Abb. oben). Der hübsche Spätbarockbau ist 1782 – vermutlich auch vom Landbaumeister J. C. Huth – gebaut worden; in seiner Architektur folgt er Bauten wie dem einige Jahre früher gebauten Kleinen Schloss in Blankenburg/Harz. Sein Erbauer, Domherr Ernst Ludwig von Spiegel, hat sich als Schöpfer des berühmten, weit vor der Stadt gelegenen frühen Landschaftsgartens „Spiegelsberge" einen Namen gemacht. Das hier im Jahr 1905 eingerichtete Städtische Museum umfasst neben ur- und frühgeschichtlichen Beständen eine bedeutende stadt- und kulturgeschichtliche Sammlung. Auch das schon 1835 begründete ornithologische „Museum Heineanum" hat hier seit 1907 seine Heimstatt. Die architektonische Disposition eines kleinen ländlichen Schlossbaues weist auch die 1754 neu gebaute ehem. Domdechanei (Nr. 34) auf. Der zum Dom hin gewen-

Oben: Die ehem. Dechanei (Domplatz 34, Medizinische Fachschule).

dete Ehrenhof musste dem asymmetrischen Parzellenzuschnitt angepasst werden; für einen Garten war aufgrund der Geländesituation kein Platz mehr vorhanden (s. S. 92 oben und Mitte). Die Domdechanei wurde 1914 unter Bewahrung ihrer barocken Erscheinung neu aufgebaut und für Zwecke des königlichen Amtsgerichts eingerichtet.

Das berühmteste der Halberstädter Kuriengebäude ist freilich das verhältnismäßig einfache Haus Nr. 31, das mehr als ein halbes Jahrhundert, zwischen 1747 und 1803, dem Halberstädter Stiftssekretär, dem Anakreontiker, Lied- und Fabeldichter Johann Wilhelm Ludwig Gleim (1719-1803) als Wohnsitz diente (s. S. 93). Gleim hat das noch dem 17. Jh. angehörende Fachwerkhaus schon 1751 um den östlichen Anbau erweitert. Bewundernswert ist Gleims Bildnissammlung in den Wohnräumen des Obergeschosses, die als Freundschaftsgalerie („Tempel der Freundschaft") nicht ohne die Kenntnis des hergebrachten „Bilder-Saales" ist, diesen aber in die private Sphäre der freundschaftlichen Erinnerung wendet. Die Sammlung sollte nach den Bestimmungen der 1781 gegründeten Gleimschen Familienstiftung mit dem reichen Bestand an Büchern und Handschriften Grundstock einer „Schule der Humanität" werden – seit 1862 war dann das Gleimhaus als eines der ersten deutschen Memorialmuseen öffentlich zugänglich (seit 1898 städtisch). Seit 1995 schließt sich ihm ein modernes Ausstellungs- und Vortragsgebäude an. Gleims Garten lag vor dem ehem. Gröpertor. Hier, in einer seit 1872 öffentlichen Grünanlage, liegt der Dichter begraben. Ein gusseisernes Monument von 1846 erinnert an ihn.

Oben:
Die Eingangshalle in der ehem. Domdechanei.

Links:
Die ehem. Dechanei des Liebfrauenstifts (Domplatz 3, 1796) und die frühere Kurie Domplatz 4, südlich der Liebfrauenkirche.

Oben: Das Gleimhaus, Domplatz 31, im Blick nach Nordwesten (Aufnahme 1992).
Unten: Das Gleimhaus, Wohnraum im 1. Obergeschoss. In der Mitte der oberen Bildnisreihe das Porträt J. W. L. Gleims, 1789 von Johann Heinrich Ramberg gemalt.

LITERATURHINWEISE

1. *DIE DOMBURG HALBERSTADT AUS ARCHÄOLOGISCHER SICHT:* Kunst, Kultur u. Geschichte im Harz u. Harzvorland um 1200 (Arbeitsberichte d. Landesamtes f. Denkmalpflege u. Archäologie, 8), Halle 2008 (mit weiterer Literatur, Beiträge u.a. v. Götz Alper, Uwe Fiedler u. Frank Hoegg z. spätromanischen Kuriengebäude S. 76-95 sowie v. Adolf Siebrecht z. Domburg um 1200 S. 59-74). - Günter Maseberg u. Armin Schulze (Hrsg.): Halberstadt – das erste Bistum Mitteldeutschlands, Zeugnisse von Kaiser Karl d. Gr. bis zum Gr. Kurfürsten Friedrich Wilh. von Brandenburg, Halberstadt 2004. - Schmidt-Ewald, W.: Die Entstehung d. weltlichen Territoriums des Bistums Halberstadt. Abh. zu. mittl. u. neu. Gesch. 60, Berlin- Leipzig 1916, S. 1-10. - Siebrecht, A. (Hrsg.): Halberstadt, Vom Bischofssitz zur Hansestadt, Halberstadt 2003.

2. *ZUR LANDES- UND STADTGESCHICHTE:* Becker, K.: Chronik der Stadt Halberstadt/Harz, Berlin 1924. - Bennigsen, C.v.: Die Diözesangrenzen des Bistums Halberstadt. In: Ztschr. d. hist. Vereins für Niedersachsen 1867 (Hannover 1868), S. 1-122. - Bogumil, K.: Das Bistum Halberstadt im 12. Jh., (Mitteld. Forsch. 69), Köln, Wien 1972. - Böttcher, Prof. Dr.: Neue Halberstädter Chronik, Halberstadt 1913. - Diestelkamp, A.: Halberstädter Analekten. In: Sachsen und Anhalt 4, 1928. - Doering, Oskar: Beschreibende Darstellung der älteren Bau- und Kunstdenkmäler der Kreise Halberstadt Land und Stadt, Halle 1902, S. 163-223. - Fritsch, J.: Die Besetzung des Halberstädter Bistums in den ersten vier Jahrhunderten seines Bestehens, Diss. Halle 1913. - Gesta episcoporum Halberstadensium (781-1209). Monumenta Germaniae historica 23, Hannover 1874, S. 73 - 123 (hrsg. von L. Weiland). - Gleims Leben und seine Beziehungen zu berühmten Zeitgenossen und Daten, zusammengestellt von G. Wappler, Halberstadt 1988. - Goeckingk, Leopold Friedrich Günther: Briefe eines Reisenden an Herrn Drost von LB, hrsg. v. Gerhard Steiner, Leipzig 1981. - Glowka, G., u.a.: Der Landkreis Halberstadt. Braunschweig 1992. - Jaeschke, K.-U.: Die älteste mitteldeutsche Bischofschronik (Mitteld. Forsch. 62/I), Köln, Wien 1970. - Kunst, Kultur u. Geschichte im Harz u. Harzvorland um 1200 (Arbeitsberichte d. Landesamtes f. Denkmalpflege u. Archäologie, 8), Halle 2008-12-07. - Meier, R.: Die Domkapitel zu Goslar und Halberstadt in ihrer persönlichen Zusammensetzung im Mittelalter (Stud. z. Germania Sacra I), Göttingen 1967. - Militzer, K. und Przybilla, P.: Stadtentstehung, Bürgertum und Rat. Halberstadt und Quedlinburg bis zur Mitte des 14. Jahrhunderts (Veröffentlichungen des Max-Planck-Institutes für Geschichte 67), Göttingen 1980. - Nickel, E.: Die Südbefestigung der Domburg Halberstadt. In: Jahresschr. f. mitteld. Vorgeschichte 38, 1954, S. 244-256. - Pfaff, Helmut: Halberstadt. Versuch einer siedlungs- und stadtgeographischen Darstellung, Diss. Gießen, Würzburg 1935. - Schmidt, Gustav (Hrsg.): Urkundenbuch des Hochstifts Halberstadt. 4 Bde. (Publik. a. d. Kgl. Preußischen Staatsarchiven 17, 21, 27, 40), Halberstadt 1883-1889. - Schmidt-Ewald, W.: Die Entstehung des weltlichen Territoriums des Bistums Halberstadt (Abhandlungen zur Mittleren und Neueren Geschichte 60), Berlin, Leipzig 1916. - Schrader, F.: Gestalt und Entstehung der mittelalterlichen Pfarrorganisation der Stadt Halberstadt und die Gründung des Bistums Halberstadt. In: Nordharzer Jahrb. 14, 1989, S. 45. - Siebrecht, Adolf (Hrsg.): Geschichte und Kultur des Bistums Halberstadt 804-1648, Halberstadt 2006. - Wächter, F.: Das Halberstädter Marktprivileg von 989. In: Nordharzer Jahrb. 14, 1989, S. 5-8. - Wagner, F.: Die Säcularisation des Bistums Halberstadt ... 1648-1650. In: Zeitschr. d. Harz-Ver. 38, 1905, S. 161. - Wittek, G.: Die wirtschaftliche, soziale und verfassungsmäßige Topographie Halberstadts im Mittelalter. In: Die alte Stadt 1990, S. 249. - Wittek, G.: Zur Wirtschafts- und Sozialstruktur der Vogtei und der Domburg im 14. Jahrhundert (Ein Nachtrag). In: Nordharzer Jahrb. 12, 1987. - Zschische, K. L.: Halberstadt sonst und jetzt, Halberstadt 1895.

3. *ZUR LIEBFRAUENKIRCHE:* Doering, Oskar: Die Ausgrabungen in der Liebfrauenkirche in Halberstadt. In: Die Denkmalpflege 1, 1899, S. 121-123. - Ders.: Halle 1902, S. 305-356. - Elis, C.: Die romanischen Kirchen Halberstadts. In: Zeitschr. d. Harz-Vereins 19, 1886, S. 1-22. - Friedrich, Verena: Die Liebfrauenkirche zu Halberstadt (Peda-Kunstführer Nr. 308). - Haber, C. M.: Kurtze, jedoch zureichende Beschreibung von der Ober-Collegiats-Stifts-Kirche Beatae Mariae Virginis in Halberstadt , Halberstadt 1737. - Hohmann, Susanne Beatrix: Die Halberstädter Chorschranken: ein Hauptwerk der niedersächsischen Kunst um 1200 (Neue Forschungen zur Deutschen Kunst, 3), Berlin 2000. - Kugler, F.: Kunst-Bemerkungen auf einer Reise in Deutschland im Sommer 1832. In: Museum, Blätter für Bildende Kunst 1833, S. 44-103. - Leopold, G.: Die Liebfrauenkirche in Halberstadt (Große Baudenkmäler 432), München, Berlin 1992. - Lucanus, F.: Die Liebfrauenkirche zu Halberstadt ... beschrieben als Andenken an die Restauration und die feierliche Einweihung ... 1848, Halberstadt (o. J.). - Ders.: Die Liebfrauenkirche zu Halberstadt. In: Dtsch. Kunstblatt 1, 1850. - Mülverstedt, G. A. v.: Antiquitates Marianae. Aus der Vergangenheit des Liebfrauenstifts zu Halberstadt. In: Zeitschr. d. Harz-Vereins 12, 1879. - Quast, F. v.: Archäologische Reiseberichte. In: Zeitschr. f. chr. Archäologie und Kunst 2, 1858. - Schmidt, G.: Arbeiten für ein Urkundenbuch des Stifts Unser Lieben Frauen zu Halberstadt, ca. 1000-1519 (Mskr. im Landeshauptarchiv Magdeburg). - Überfachliches Arbeitsgespräch zu den Chorschranken ..., in: Kunstchronik 3/2005, S. 137-143 (E. Rüber-Schütte). - Zeller, A.: Frühromanische Kirchenbauten nördlich des Harzes, Leipzig 1928.

4. *ZUM DOM:* Betzner, K.: Die drei Bauabschnitte des Halberstädter Domes. Vergleichende statisch-konstruktive Untersuchung der Tragsysteme am Langhaus und am Chor. In: Gebaute Vergangenheit heute. Berichte aus der Denkmalpflege, Berlin 1993, S. 21-50. - Bolze, W.: Der Wiederaufbau des Halberstädter Domes, Halberstadt 1991. - Bormann, K.: Die gotische Orgel zu Halberstadt, Berlin 1966. - Brackmann, A.: Urkundliche Geschichte des Halberstädter Domkapitels im Mittelalter. Phil. Diss. Göttingen, Wernigerode 1898. - Büsching, J. G.: Reise durch einige Münster u. Kirchen d. nördlichen Deutschlands im Spätjahr des Jahres 1817, Leipzig 1819. - Cante, Andreas: Der Bildhauer Hans Schenck oder Scheußlich, Phil. Diss. Berlin 2007, S. 275-292. - Doering, Oskar (s.o.): Halle 1902, S. 223-305. - Diestelkamp, Adolph: Ein Inventar des Halberstädter Domes aus dem Jahr 1465. In: Zeitschr. d. Ver. f. Kirchengesch. d. Provinz Sachsen u. d. Freistaats Anhalt 25, 1929, S. 81-88. - Elis, C.: Der Dom zu Halberstadt. Baugeschichtliche Studien, Berlin 1883. - Flemming, J., Lehmann E. und Schubert, Ernst: Dom und Domschatz zu Halberstadt, Berlin 1974; Neubearbeitung 1988. - Fuhrmann, H.: Balthasar von Neuenstedt, Dompropst von Halberstadt, in: Mitteldeutsche Lebensbilder, hrsg. v. W. Freitag, Köln 2002. - Fuhrmann, Hans (Bearb.): Die Inschriften der Stadt Halberstadt I. Dom und Domschatz (= Die Deutschen Inschriften, Bd. 75), 2009. - Giesau, H.: Eine deutsche Bauhütte aus dem Anfang des 13. Jhts. (Stud. z. thüringisch-sächsischen Kunstgesch. 1), Halle 1912. - Haber, C.: Kurtz gefaßte, aber doch gründliche Nachricht von der hohen Stifts-Kirchen oder sogenannten Dom-Kirchen zu Halberstadt und deroselben Merckwürdigkeiten, ... Halberstadt 1739. - Halberstadt – Dom und Domschatz (Hallesche Beiträge zur Kunstgeschichte), Halle 2002, mit Beitr. v. P. Janke, K. Weng, H. Fuhrmann, A. Preiß, L. Helten, O. Karlson u.a. - Hermes, E.: Der Dom zu Halberstadt, seine Geschichte und seine Schätze. Festschr. zum 18. Sept. 1869, Halberstadt 1896. - Hinz, P.: Gegenwärtige Vergangenheit. Dom und Domschatz zu Halberstadt, Berlin 1962 ([5]1971). - Köhler, Matthias: Zur Restaurierung des Halberstädter Domgeläuts, in: Denkmalpflege in Sachsen-Anhalt, 8.2000, S. 49-57. - Kunst, J.: Der Domchor zu Köln und die hochgotische Kirchenarchitektur in Norddeutschland. In: Niederdtsch. Beitr. z. Kunstgesch. 8, 1969, S. 9-40. - Leopold, G. und Schubert, Ernst: Der Dom zu Halberstadt bis zum gotischen Neubau, Berlin 1984, mit Beitrag von E. Lehmann: Ein vorromanisches Kapitellfragment. - Leopold, G.: Die Halberstädter Bischöfe aus der Familie des hl. Liudger als Bauherrn. In: Das Münster am Hellweg 46, 1993, S. 42-65. - Ders.: Zwei Lettner des 13. Jahrhunderts in Halberstadt. Archäologische und kunsthistorische Forschungsergebnisse im Dom und in der Liebfrauenkirche, in: Europäische Kunst des 13. Jahrhunderts, Funktion und Gestalt, Weimar 1995. - Lucanus, F. G. H.: Der Dom zu Halberstadt, seine Geschichte, Architektur, Alterthümer und Kunstschätze, Halberstadt-Berlin 1837. - Nebe, G.: Conrad von Krosigk, Bischof von Halberstadt. Ein Lebensbild. In: Zeitschr. d. Harz-Vereins 13, 1880, S. 209-227. - Nicolai, B.: Walkenried. Anmerkungen zum Forschungsstand. In: Niederdtsch. Beitr. z. Kunstgesch. 28, 1989, S. 9-32. - Ders.: Die Stellung des Halberstädter Westbaues in der Architektur des frühen 13. Jahrhunderts, in: Halberstadt – Studien zu Dom und Liebfrauenkirche (Abh. d. Sächs. Akademie d. Wiss. zu Leipzig, Phil.-hist. Klasse, Bd. 74, H. 2), Berlin 1997. - Olearius, J. Chr.: Adami Halberstadensi in die cinerum ex ecclesia electi historia ..., Helmstedt 1702. - Peter, Claus: Das Geläute des Domes St. Stephanus und